QUE SAIS-JE ?

La littérature italienne

CHRISTIAN BEC

FRANÇOIS LIVI

Professeurs à l'Université de Paris-Sorbonne

Deuxième édition corrigée

8e mille

DES MÊMES AUTEURS

Christian Bec :

Les marchands écrivains, affaires et humanisme à Florence (1375-1434), Paris - La Haye, Mouton, 1967.
Il libro degli affari proprii di casa de Lapo Niccolini, Paris, SEVPEN, 1968.
L'Umanesimo civile, Turin, Paravia, 1975.
L'Umanesimo letterario, Turin, Paravia, 1976.
Le siècle des Médicis, Paris, PUF, 1978.
Cultura e società a Firenze ai tempi della Rinascenza, Rome, Editrice Salerno, 1981.
Précis de littérature italienne (sous la direction de), Paris, PUF, 1982 (2e éd., 1995).
Les livres des Florentins (XVe-XVIe siècles), Florence, Olschki, 1984.
Machiavel, Paris, Balland, 1985.
Florence 1300-1600 : histoire et culture, Nancy, Presses Universitaires, 1986.
Machiavel, *Le Prince et les premiers écrits politiques*, introduction, traduction et notes, Paris, Garnier, 1987.
L'Italie de la Renaissance (en collaboration), Paris, Fayard, 1990.
Histoire de Venise, Paris, PUF, 1993.
G. Cavalcanti, *Rimes*, introduction, traduction et notes, Paris, Imprimerie nationale, 1993.
Boccace, *Décaméron* (sous la direction de), Paris, Livre de poche, 1994.
Machiavel, *Œuvres*, introduction, traduction et notes, Paris, Laffont, 1996.
Dante, *Œuvres complètes* (sous la direction de), Paris, Livre de poche, 1996.
Laurent de Médicis, *Chansonnier*, introduction, traduction et notes, Paris, Imprimerie nationale (en cours d'impression).

François Livi :

Camus, Florence, La Nuova Italia, 1971 (3e éd., 1977).
J.-K. Huysmans : « A Rebours » et l'esprit décadent, Paris, A. G. Nizet, 1972 (3e éd. refondue et augmentée, 1991).
Dino Buzzati : « Le désert des Tartares », Paris, Hatier, 1973 (7e éd. revue et corrigée, 1992).
Dai simbolisti ai crepuscolari, Milan, IPL, 1974.
Tra crepuscolarismo e futurismo : Govoni e Palazzeschi, Milan, IPL, 1980.
Les écrivains italiens d'aujourd'hui, Paris, PUF, 1982 (trad. italienne revue et augmentée : *Scrittori e poeti italiani d'oggi*, Naples, ESI, 1984).
La parola crepuscolare. Corazzini, Gozzano, Moretti, Milan, IPL, 1986.
Ungaretti, Pea e altri. Lettere agli amici « egiziani ». Carteggi inediti con Jean-Léon e Henri Thuile, Naples-Rome, ESI, 1988.
Le voyage en Italie (en collaboration), Paris-Lyon, La Manufacture, 1989.
« Poesia » (1905-1909), Indici ragionati dei periodici letterari europei, n° 14, Naples-Rome, ESI, 1992.
P. Reverdy, *Il guanto di crine*, introduction, traduction, Milan, ARES, 1993.
La littérature italienne contemporaine, Paris, PUF, 1995.

ISBN 2 13 046393 2

Dépôt légal — 1re édition : 1994
2e édition corrigée : 1998, juillet

108, boulevard Saint-Germain, 75006 Paris

AVANT-PROPOS

Désireux de faire le point ou d'actualiser ses connaissances en matière de littérature italienne, le public de langue française n'a qu'un livre à sa disposition (publié en 1982 et réédité en 1995 sous la direction de l'auteur de ces lignes), mais il compte plus de 400 pages.

On trouvera donc ci-dessous un « sommaire » d'histoire de la littérature italienne, qui tente de rendre compte de la façon la plus claire et brève possible des grandes lignes de l'évolution de cette littérature (l'une des plus riches de l'Occident des années 1300 à nos jours).

On y traite les cas exemplaires des « grands » auteurs, tout en s'efforçant de citer les noms des écrivains les plus importants et significatifs (mais le tri est encore moins aisé pour les décennies les plus récentes de notre siècle).

Les deux premiers chapitres sont dus à Christian Bec, les deux suivants à François Livi.

C. B.

Chapitre I

DES COURS AUX COMMUNES. DES ORIGINES AU XIVe SIÈCLE

I. — Les origines

Lors de l'écroulement de l'Empire romain, on assiste en Occident à l'émergence de deux langues : le latin ecclésiastique et le latin vulgaire, lequel se diversifie peu à peu en parlers locaux.

En 813, le concile de Tours enjoint au clergé — pour qu'il soit compris de la masse des fidèles — de prêcher en « langue romane rustique », c'est-à-dire dans chacun des parlers locaux de la Chrétienté. En Italie, le plus ancien document connu en langue vulgaire date de la fin du VIIIe siècle ou du début du IXe : c'est l'*Indovinello veronese,* ou devinette véronaise, qui est suivi d'une formule liturgique en latin ecclésiastique. La juxtaposition des deux textes fait apparaître leurs différences linguistiques.

Jusqu'au XIIe siècle, en Italie, la production écrite en vulgaire qui nous reste est faite de documents rares et brefs, qui concernent uniquement le droit et la liturgie. Au XIIe siècle, alors que la France possède déjà une poésie épique en langue d'*oïl* et produit bientôt une poésie lyrique en langue d'*oc,* les textes en « italien » demeurent peu nombreux et sont toujours étrangers à la littérature : ce sont encore des textes juridiques, des inventaires, des sermons et des notes dans des livres de comptes. Quelles que soient ses raisons, le retard de l'Italie est donc patent.

A la fin du XIIe siècle émergent toutefois quelques modestes textes littéraires en vulgaire. La poésie « populaire » est illustrée par trois *Ritmi* dans le style des jongleurs, composés en Toscane et dans le Sud. La poésie « morale » est représentée par un poème didactique, en dialecte lombard, à thème misogyne (genre à grand succès dans l'Occident médiéval). La poésie civique est attestée par deux fragments insérés dans des chroniques en latin : première manifestation d'un filon municipal qui connaîtra bientôt un fort développement. C'est avec un troubadour provençal qu'apparaît le premier témoignage de la poésie lyrique — la « grande » poésie médiévale : Rimbaut de Vaqueyras compose une *tenson* en cinq langues, dont l'italien.

II. — **Le XIIIe siècle**

La production littéraire du XIIIe siècle est sensiblement plus importante que précédemment. Son essor est dû à trois phénomènes essentiels : l'élan culturel du royaume de Sicile sous l'égide de Frédéric II ; le développement des Communes dans le Centre et le Nord; le renouveau de la spiritualité dû au mouvement franciscain.

Si la Sardaigne et le Piémont sont et demeurent longtemps improductifs, la Sicile est active entre 1230 et 1260 environ; la Romagne et la Toscane fournissent ensuite l'essentiel de la poésie lyrique et « comico-réaliste »; la Vénétie produit une littérature chevaleresque en langue d'*oïl*; l'Ombrie domine en matière de littérature religieuse; de Lombardie et d'Emilie nous parviennent des écrits à caractère moral et didactique. Où l'on voit que les écrivains vivant alors en Italie hésitent entre diverses langues, locales ou étrangères, dont aucune — jusqu'au XIVe siècle — ne parvient à l'emporter totalement sur les autres.

La poésie religieuse. — En matière de poésie religieuse, la *lauda* triomphe. Inspirée des *laudes,* formes liturgiques de louange divine d'origine clunisienne, la *lauda* doit son développement à la floraison des confréries laïques. Composition en laisses monorimes, glorifiant la Vierge et la Trinité, la *lauda* est chantée par les foules lors des cérémonies religieuses.

Composé pour une part en 1224, le *Cantique de Frère Soleil* (ou *Laudes Creaturarum*) est dû à saint François d'Assise (1182-1226). Composition en prose rythmique assonancée et en assisiate, le *Cantique,* partant de Dieu et revenant à lui, loue la toute-puissance et la dignité suprême du Créateur et invite les créatures (Frère Soleil, les étoiles, l'eau, le feu, la terre et les hommes) à l'adorer et à le remercier. Chant d'amour et de joie, rompant avec le pessimisme précédant, la *lauda* de François vise à toucher un large auditoire et à l'entraîner dans un fervent élan mystique.

Avec saint François, la poésie religieuse se concentre d'abord en Ombrie. Fondée à Pérouse en 1260, la confrérie des *Disciplinati,* s'inspirant du mouvement antérieur de l'*Alleluia* et du millénarisme de Joachim de Flore (1130-1202), rassemble de nombreux chrétiens qui chantent dans des *laude* le dernier âge de l'histoire du monde, dont nombreux sont ceux qui croient qu'il débute en 1260.

Partie de l'Ombrie, la *lauda,* qui adopte la structure de la ballade profane puis des formes dramatiques, gagne toute l'Italie et se perpétue jusqu'au XVe siècle compris. On en conserve aujourd'hui plus de deux cents recueils, parfois encore accompagnés de leur musique.

Au sein de cette riche production, le plus souvent anonyme, se détache une forte personnalité, celle de Jacopone da Todi (1236-1306).

Juriste de formation, très informé des techniques de la rhétorique et connaissant bien la littérature mystique, Jacopone se retire du monde en 1268 pour entrer peu après dans l'ordre franciscain. Membre du courant des « Spirituels », attachés à une stricte application des règles franciscaines de pauvreté et hostiles au pape Boniface VIII, Jacopone est excommunié et emprisonné en 1298, et libéré seulement en 1303 par Benoît XI. L'essentiel de ses *laude* proclame de façon dramatique, parfois dialoguée, ses refus de la terre, de la chair, de la hiérarchie et son amour-passion pour la Vierge des douleurs et le Christ en gloire.

Mais la littérature religieuse du XIIIe siècle est également représentée par une très abondante production de textes de moindre niveau littéraire : descriptions de l'au-delà, traités de morale, recueils d'*exempla,* hagiographies, etc., qui connaissent une très large diffusion.

L' « école sicilienne ». — Forme littéraire la plus considérée, de très haut niveau de langue et de style, la poésie lyrique prend son essor en Italie au milieu du XIIIe siècle dans le royaume de Sicile. Frédéric II (1194-1250) en favorise le développement, en appelant à sa cour itinérante philosophes, juristes, savants et poètes. Parmi ceux-ci on compte des nobles (Jacopo Mostacci, Jacopo et Rinaldo d'Aquino, Giacomo Pugliese), des notaires et des juristes (Jacopo da Lentini, le chef de file, Pier della Vigna, Stefano Protonotaro, Guido et Guido delle Colonne).

Même si ces hommes ne forment pas une école à proprement parler, ils ont en commun l'usage d'un sicilien « illustre », modelé sur le provençal et le latin de chancellerie. Ils font triompher deux types de composition, le sonnet et la chanson *(canzone)*, promis à un long et brillant avenir. Et ils chantent essentiellement, en termes d'une psychologie raffinée, leur amour pour leur dame : une passion où il serait vain de chercher un quelconque reflet de la réalité quotidienne.

Après avoir régné pendant trois décennies, l'école sicilienne décline après la mort du roi Manfred, héritier de Frédéric, à la bataille de Bénévent (1266). Alors la poésie lyrique quitte — si l'on peut dire — le Midi, pour s'implanter en Romagne et en Toscane, abandonnant ainsi la cour pour le milieu communal riche et en pleine expansion.

Intermédiaires. — Auteur de lettres mais surtout de quelque cinquante *canzoni* et de plus de deux cent cinquante sonnets, Guittone d'Arezzo (1230-1235 ?-1294) est l'initiateur de cette nouvelle production lyrique. Son œuvre est caractérisée par la diversité des sujets abordés (politiques, moraux, religieux, amoureux) et par la complexité technique de son écriture, qui frise parfois l'obscurité. Mais on y sent — chose nouvelle — le reflet des réalités municipales.

Le Florentin Chiaro Davanzati (deuxième moitié du XIIIe siècle) est un poète de transition. Il imite les Provençaux et Guittone, mais développe aussi l'image de la dame aimée source de toutes vertus, annonçant ainsi le stilnovisme.

Le « stilnovo ». — Le « doux style nouveau », selon une expression de Dante dans la *Divine Comédie* (*Purgatoire,* XXIV, 57), regroupe sept poètes : un Bolonais, Guido Guinizelli (1230 ?-1270 ? ; cinq Florentins, Guido Cavalcanti (1255-1300), Dante (1265-1321), Lapo Gianni, Gianni Alfani, Dino Frescobaldi (après 1271 - 1316 environ) ; un Toscan, Cino da Pistoia (1265-1336).

Première avant-garde littéraire italienne, le « groupe des sept » forme comme un cénacle que lient de fortes affinités : le rejet de Guittone, une certaine cohérence programmatique, la conscience d'appartenir à l'élite intellectuelle, la volonté de s'adresser à un public de choix. Plus systématiquement et chastement que les Siciliens, les stilnovistes ne se préoccupent que de louer leur dame, à la beauté resplendissante et ineffable, de lui rendre hommage, de décrire les effets (le plus souvent destructeurs) qu'elle leur inspire. Ils voient en l'Amour une passion toute-puissante, source de perfection morale et d'enrichissement spirituel, ne pouvant naître que dans les cœurs moralement (non pas socialement) nobles et les élevant jusqu'aux cimes. Typique aussi de la poésie stilnoviste dans son ensemble est sa psychologie introspective, raffinée et mécaniste à la fois, qui recourt à la doctrine des « esprits », c'est-à-dire de corps subtils localisés dans l'âme, le cœur et le cerveau, qui véhiculent sentiments et facultés vitales. Les ultimes caractéristiques du *stil novo* sont son extrême dépouillement formel et le choix savant de paroles « subtiles, douces, suaves ».

Prenant la tête de la littérature italienne, cette poignée de poètes inspirera fortement la poésie lyrique postérieure, tant italienne (Pétrarque, Laurent de Médicis, Politien) qu'européenne (à travers le premier nommé), et ce jusqu'au XVIIe siècle compris.

Au côté de Dante, qui est et se sait le plus grand de tous, Guido Cavalcanti est le plus éminent des stilnovistes. Fin utilisateur d'un langage raffiné et de procédés rhétoriques savants, il a une conception résolument tragique de l'amour, qui blesse et tue. Chez lui, le triomphe de l'Amour est aussi et surtout triomphe de la Mort. Dans son mince recueil de *Rimes* plane une atmosphère envoûtante de mystère et d'hallucination : d'un poète qui se heurte à l'ineffabilité de la passion.

La poésie « comico-réaliste ». — Parmi les *Rimes* de Cavalcanti, on trouve aussi un portrait d'une vieille femme horrible, un sonnet virulent contre un adversaire politique. Dante, pour sa part, échange avec un de ses concitoyens, Forese Donati, les injures en vers les plus graves et les plus triviales. C'est qu'à côté de l'inspiration lyrique élevée que l'on a évoquée, existe — parfois pratiqué par les mêmes poètes — un filon d'inspiration et d'écriture délibérément « bas », qui n'est cependant pas moins savant que le premier : en tout cas nullement « populaire » ni « spontané », comme on a longtemps voulu le croire.

On appelle, faute de mieux, ce courant « comico-réaliste », en raison de ses intentions déclarées (faire rire ou sourire) et parce qu'il s'intéresse aux aspects quotidiens de la vie. Rustico Filippi (Florence, 1230 environ - 1300 environ) excelle dans certaines satires misogynes et des attaques assassines contre ses ennemis. Le Siennois Cecco Angiolieri (1260 environ - 1313 environ) crée avec Becchina une sorte d'antihéroïne stilnoviste et développe les ressources traditionnelles du *vituperium* et de l'*improprium* dans une espèce de chronique personnelle et familiale : il y chante le vin et l'argent, injurie ses parents et le monde. On n'en fera pas pour autant un poète révolté avant la lettre. Folgore da San Gimignano (1270 environ - 1330 environ) est l'auteur de deux séries (« couronnes ») de sonnets célébrant les jours et les mois. Il y décrit avec élégance les modes de vie raffinés d'une bourgeoisie montante, qui imite les comportements de l'ancienne classe aristocratique : mets choisis, vins fins, vêtements somptueux, parties de pêche et de chasse, baisers enflammés, bref comme une éternelle et insouciante joie de vivre.

La littérature en prose. — Elle est pour une large part constituée de traductions *(volgarizzamenti)* à partir du latin (ouvrages scientifiques, philosophiques, de rhétorique et d'histoire) et du français (poèmes chevaleresques et romans courtois).

Les premiers prosateurs emploient la langue d'oïl. C'est le cas par exemple du « maître » de Dante, le Florentin Brunetto Latini et de son encyclopédie *Li livres dou Trésor,* ainsi que du Vénitien Martino da Canal et de sa *Cronique des Viniciens* (des origines à 1275).

Mais le toscan l'emporte progressivement tant dans l'historiographie (avec par exemple une *Histoire florentine* attribuée à Ricordano Malispini (1260 environ - 1290) que dans la nouvelle. Le *Novellino* est un recueil anonyme composé, entre 1281 et 1300, de récits brefs et exemplaires visant au « plaisir de ceux qui ne savent pas et désirent savoir ». Mots d'esprit, actes de courtoisie, amours chevaleresques sont les thèmes principaux d'une narration qui — chose nouvelle — ne se fixe plus d'intentions moralisantes.

III. — Le XIVe siècle

Comme on vient de le voir, la littérature italienne tend toujours davantage au XIIIe siècle à devenir toscane, et plus spécialement florentine. Dû à la montée en puissance politique, économique mais aussi culturelle de la cité du lys, le phénomène est plus net encore au XIVe : le « grand siècle » de la littérature florentine (ou en florentin), sinon même de la littérature italienne dans son ensemble; ne fût-ce qu'à cause du triomphe des « Trois Couronnes », Dante, Boccace, Pétrarque, dont l'exceptionnelle stature domine toute la période et dont le magistère continue de s'exercer durant les siècles suivants.

Dante à Florence (1265-1301). — Né à Florence entre mai et juin 1265, dans une famille d'origine noble mais devenue économiquement et socialement médiocre, Dante (Durante) Alighieri passe sa jeunesse à Florence, tout en séjournant sans doute un temps à Bologne, dont l'Université était célèbre. Dans sa ville natale, il s'entretient avec Brunetto Latini et suit les enseignements philosophiques et théologiques des écoles franciscaine (Santa Croce) et dominicaine (Santa Maria Novella). Il se lie d'autre part d'amitié et correspond en vers avec ces jeunes poètes (dont Cavalcanti), qu'on appellera plus tard « stilnovistes ».

A la mort de son père, vers 1281-1283, Dante devient le chef de famille et épouse peu après Gemma Donati (issue pour sa part d'une branche modeste d'une grande lignée), dont il aura (au moins) trois enfants. Comme les hommes de sa condition, il participe à certaines entreprises militaires de la Commune, dont la bataille de Campaldino (1289).

Après 1295, grâce à la possibilité d'entrer en politique offerte à certains membres de sa classe, il s'inscrit — comme le veut la règle — à une corporation pour pouvoir être électeur et éligible. Parvenu au faîte du *cursus honorum,* il est élu au nombre des Prieurs (les plus hauts magistrats de l'exécutif qui composent la Seigneurie) entre juin et août 1300 : la durée des charges est très courte en effet à Florence. Mais le gouvernement auquel il participe, d'orientation guelfe blanche, c'est-à-dire hostile aux Guelfes Noirs, et tendant à défendre l'indépendance de la ville, est conduit à s'opposer aux visées hégémoniques du pape Boniface VIII. Partisan de ce dernier, les Noirs l'emportent par la force et, comme à l'ordinaire, les procès politiques commencent. Dante et plusieurs de ses amis sont exclus des offices et condamnés à de lourdes amendes ; puis, comme ils ne se sont pas présentés devant leurs juges, à la confiscation de leurs biens et à la peine de mort (10 mars 1302). Non seulement la vie même du poète, mais sa pensée basculent alors : on y reviendra.

Durant les années de sa jeunesse florentine, Dante compose des *rime* d'inspiration (comme il le dira) stilnoviste, des *rime* intitulées *petrose* (parce que dédiées à une Petra au cœur dur, et parce que de ton âpre), la *tenson* comico-réaliste dont nous avons parlé avec Forese Donati. Surtout, il sélectionne certaines de ses poésies pour les inclure dans un petit livre, où il les illustre et les commente. C'est la *Vita Nova* (au sens de vie nouvelle ou renouvelée par l'amour) : 35 poèmes et 42 chapitres en prose, où sont évoqués : sa première rencontre (à l'âge de neuf ans) avec Béatrice Portinari ; sa deuxième rencontre avec celle-ci à l'âge de dix-huit ans (autant de chiffres symboliques) ; sa passion pour elle, les tourments que lui causent son dédain, et son désespoir à l'annonce de sa mort prématurée ; l'intérêt que lui montre une « noble dame » (la philosophie ?), qui l'entraîne dans l'erreur *(traviamento)* ; son repentir et la promesse qu'il se fait de chanter ultérieurement l'aimée d'une façon plus haute (la future *Comédie*). A la base de cette œuvre résident sans doute quelques données vécues, mais réécrites, repensées, remises en ordre. Ce qui importe toutefois davantage, c'est que, pour la première fois dans la littérature européenne en langue vulgaire, apparaît avec la *Vita Nova* l'histoire d'une personne évoquant directement sa propre expérience de vie. Mon livre, écrit Dante au début de la *Vita Nova,* est le « livre de ma mémoire ».

Dante en exil (1302-1321). — Vivant jusqu'à sa mort loin de sa patrie, Dante participe d'abord à quelques tentatives avortées de ses amis et des bannis florentins pour rentrer par la force à Florence. Mais il se fait bientôt — de son propre aveu — un parti de lui-même. Il erre de cité en cour au gré des opportunités. En 1310, il espère que la descente de l'empereur Henri VII lui permettra de mettre fin à son exil et lance de virulentes invectives contre sa patrie rebelle à la volonté impériale ; mais il doit déchanter. Dès 1313 il est l'hôte à Vérone de Cangrande della Scala ; puis il se rend à la cour de Novello da Polenta à Ravenne, où il meurt au retour d'une ambassade à Venise.

Au-delà de ces épisodes qu'il vit tristement et évoque dans la *Comédie,* ce qui importe c'est que l'exil confère peu à peu à Dante une dimension nouvelle : non plus (fût-ce génialement) municipale, mais cosmopolite.

De 1304 à 1307, il compose en langue vulgaire le *Banquet (Convivio),* traité inachevé, où il commente en quatre chapitres quatre de ses *canzoni.* Il y débat de questions théologiques, philosophiques, scientifiques et de la noblesse comme conquête de l'individu. Avec le *Convivio,* il se fixe pour but d'initier au repas (d'où le titre) des sages (c'est-à-dire à la haute culture) les hommes qui, de par leur formation ou leur condition, ne peuvent avoir directement accès au savoir. Surtout, dans la perspective qui nous intéresse (celle de son itinéraire), Dante évoque au livre IV du *Banquet* le problème de la monarchie universelle (et non pas du gouvernement communal).

Dans un traité en latin sur la langue vulgaire, le *De vulgari eloquentia* (à peu près contemporain du *Convivio*), également interrompu, Dante retrace l'origine des langues et celle des divers dialectes italiens. Il y critique les municipalismes et proclame la mission des *doctores illustres* qui s'adressent à un public que ne bornent pas les étroites murailles des cités. Et il fonde la théorie d'une langue vulgaire qu'il appelle « illustre », laquelle ne peut être l'un des parlers locaux italiens, mais une langue issue d'un travail de polissage confié à l'ensemble des écrivains italiens.

Postérieure au *Convivio* et au *De vulgari eloquentia,* la *Monarchia,* toujours en latin, démontre (livre I) que la monarchie universelle est essentielle au bonheur terrestre des hommes; elle soutient (livre II) que l'empire (d'origine romaine) est fondé sur le droit, c'est-à-dire sur la volonté divine; enfin elle débat (livre III) du problème des rapports (alors conflictuels) entre le Sacerdoce et l'Empire. La question est résolue en termes d'indépendance réciproque : au pape le spirituel, à l'empereur le temporel, les deux autorités étant considérées comme également investies par Dieu de leurs missions respectives. Ainsi Dante crée-t-il l'utopie d'un empire non plus régional, ni même national, mais mondial.

En exil, Dante compose encore d'autres œuvres de

moindre importance : notamment deux églogues latines (sur le modèle virgilien) adressées à un professeur de Bologne (où il dit qu'il attend la gloire de la *Comédie)* ; une correspondance en latin (dans la XIIe épître, « à un ami florentin », il évoque son éloignement des partis et son appartenance à l'éternelle lignée de ceux qui savent).

La « Divine Comédie ». — On le voit clairement : le cheminement imposé à Dante, mais aussi voulu de lui, le conduit du parti guelfe blanc au parti de lui-même, puis à une vision universelle des choses. Mais le poète va bien au-delà avec la *Divine Comédie.* Car il s'engage dans le parti de Dieu, annonce et découvre la Jérusalem céleste. Il devient *poeta vates.*

Intitulé *Comedia* par son auteur (au sens d'œuvre employant un degré stylistique moyen entre le haut et le bas), nommé au XVIe siècle *Divina Commedia,* le chef-d'œuvre dantesque (commencé vers 1306 et achevé vers 1321) est fait de 14233 vers en tercets, regroupés en cent chants eux-mêmes répartis en trois parties (ou *cantiche*) : l'*Enfer* (1 + 33 chants), le *Purgatoire* (33 chants) et le *Paradis* (33 chants). *Enfer, Purgatoire, Paradis* sont divisés chacun en trois zones, alors que le paradis renferme dix cieux. La numérologie a une fonction symbolique évidente dans la *Comédie* (comme d'ailleurs dans la *Vita Nova*) : le 3 renvoie à la Trinité et 10 est un nombre parfait. Comme on a pu le noter, l'apparition de Béatrice dans le poème fournit un exemple de la virtuosité de Dante : elle arrive en effet au chant XXX du *Purgatoire,* prononce son nom au milieu du chant (au vers 73); le chant XXX du *Purgatoire* est précédé dans l'ensemble du poème de 63 chants et suivi de 36 : 63 et 36 sont des nombres symétriques et basés sur le trois ! Encore ne faut-il pas poursuivre ce jeu un peu vain, comme on l'a trop souvent fait. La clef de la *Comédie* n'est assurément pas là.

Le sujet du poème est le voyage de Dante dans l'au-delà, sous la conduite de trois guides successifs : Virgile en Enfer et au début du Purgatoire; Béatrice dans l'Empyrée; saint Bernard dans la Rose céleste où il contemple Dieu.

Commencé le Vendredi saint, 18 avril 1300 (autre date symbole), le voyage dure une semaine. Tout d'abord perdu dans une forêt obscure (signe de son égarement), secouru par Virgile envoyé par Béatrice, le poète descend en Enfer. C'est un abîme creusé au sein de la terre par la chute de Lucifer et divisé en cercles concentriques : après les Limbes, Dante et Virgile rencontrent les luxurieux, les gourmands, les avares et les prodigues, les coléreux, les hérétiques, les violents. Le huitième cercle est peuplé par les séducteurs, les adulateurs, les simoniaques, les devins, les prévaricateurs, les hypocrites, les voleurs, les conseillers de fraudes, les semeurs de discordes et les faussaires. Le neuvième et dernier cercle abrite les traîtres, dont Lucifer, qui dévore dans ses trois gueules Judas, Brutus et Cassius (tous deux traîtres vis-à-vis de César). Classés par ordre de gravité croissante, les péchés sont toujours plus sévèrement châtiés et l'objet de supplices significatifs. Ainsi un vent éternel emporte les luxurieux, alors que les traîtres sont plongés dans la glace. Divers gardiens (souvent d'origine mythologique) et des diables surveillent et tourmentent les damnés.

Aux antipodes de l'Enfer (et de Jérusalem), dans l'hémisphère Sud, se situe le Purgatoire, sur les pentes d'une haute montagne au sommet de laquelle se trouve l'Eden. Gravissant cette montagne, Dante passe par l'Anté-Purgatoire et la vallée des princes (coupables d'avoir négligé leurs devoirs); puis il monte sur sept corniches gardées par des anges. Les âmes y subissent pour un temps des peines qui les purifient de celui des sept péchés capitaux qu'elles ont commis.

S'élevant ensuite au Paradis par la seule force de l'attraction visuelle de Béatrice, Dante franchit des ciels emboîtés les uns dans les autres, toujours plus éloignés de la terre et animés par les diverses catégories angéliques. Il y voit, rangés selon leurs mérites toujours plus hauts, les bienheureux, lesquels sont en fait situés dans une Rose céleste, sorte d'amphithéâtre d'où ils contemplent Dieu. Sa propre contemplation du Divin est l'ultime vision, ineffable, de Dante : « Ici défaillit mon don de voir / mais tournait et pressait mon vouloir, / comme une roue au mouvement égal, / Amour qui mène le soleil et les étoiles. »

Cette rigoureuse et complexe architecture fournit à Dante le cadre d'un cheminement initiatique, pédagogique, purificateur et mystique.

Sa descente en Enfer lui fait découvrir au sein des ténèbres, des flammes, de la poix, etc., des centaines de personnages issus de l'Antiquité comme de l'actualité récente ou même contemporaine, victimes des peines que l'on a dites et surtout sans aucune espérance (« laissez, vous qui entrez, toute espérance » est d'ailleurs l'une des phrases que le poète lit sur la porte de l'Enfer).

En ce monde de perdition, il interroge par exemple Francesca da Rimini et son amant qui pleurent au souvenir de leur premier baiser ; il débat avec son concitoyen Farinata du passé, du présent et du futur des partis florentins ; il rencontre Ulysse qui lui raconte son ultime et fatal voyage au-delà des colonnes d'Hercule (c'est-à-dire des limites autorisées de la connaissance humaine) ; il écoute le comte Hugolin de la Gherardesca qui lui narre sa fin misérable dans une tour de Pise, où, enfermé, il mourut de faim avec ses enfants innocents.

Parfois isolés — à tort — de leur contexte en raison de leur charge « humaine » ou « poétique », tous ces épisodes n'ont en fait de signification qu'au sein de l'ensemble de l'œuvre : on reviendra sur ce point.

Au Purgatoire, dans une atmosphère plus sereine (car l'espoir est au bout du châtiment), Dante rencontre un poète, le trouvère mantouan en langue provençale Sordello (mort en 1269), et aussi un musicien, Casella, ainsi que, par exemple, Manfred, le malheureux héritier de Frédéric II. Il a également un entretien avec le poète lucquois Bonagiunta Orbicciani (mort peu avant 1300). Cette conversation fournit à Dante l'occasion de définir, à plusieurs années de distance, l'art poétique qu'il mit en œuvre, après son refus de Guittone, en compagnie des « novateurs », ses amis stilnovistes.

Enfin, dans la lumière toujours plus éclatante du Paradis, le poète retrouve en Béatrice béatifiée un guide affectueux et prompt à l'introduire — avec l'aide de certains saints — dans les mystères divins. C'est au Paradis que Dante retrouve son ancêtre Cacciaguida, qui lui confirme l'ancienneté de leur lignage et déplore la décadence présente de Florence. Plus haut dans les cieux, le voyageur mystique entend les éloges parallèles et joints de saint François d'Assise et de saint Dominique, vus comme les refondateurs d'une Chrétienté héroïque et attachée au principe évangélique de pauvreté.

Ainsi toutes les préoccupations de Dante, mais aussi de son temps, sont-elles omniprésentes dans le poème : ses soucis personnels, concernant son passé et son avenir politiques, mais aussi et davantage son destin poétique. N'est-il pas accueilli comme un égal par Homère, Horace, Ovide, Lucain et Virgile ? Et le miniaturiste Oderisi da Gubbio (mort vers 1299) ne lui annonce-t-il pas que sa renommée poétique éclipsera celle de Guinizelli et de Cavalcanti ?

Ecrite à la première personne, la *Comédie* — à travers le « je » du personnage et du narrateur — prétend en fait à l'exercice d'une fonction exemplaire. Etant l'*exemplum* de l'humanité tout entière, Dante adresse ses enseignements au monde. Son voyage indique aux hommes la voie à suivre pour fuir les péchés et atteindre à Dieu.

Faisant d'autre part une large place aux comportements des gens d'Eglise et à l'histoire de celle-ci, Dante vitupère la déchéance de l'institution, qu'il impute à la cupidité de certains moines et religieux. Il annonce encore, de façon prophétique, que l'humanité sera tirée du malheur, grâce à certains mystérieux envoyés divins, et qu'un jour sera restauré un monde bon et juste.

Mais une telle restauration est également confiée par Dante à un « programme » politique. Dès le *Convivio,* plus encore dans la *Monarchia* et dans la *Comédie* enfin, le poète attend et espère la venue d'un empereur garantissant la paix générale ; il déclare que, de par la volonté divine, la papauté et l'Eglise sont inaptes à l'exercice du pouvoir temporel. Il condamne, outre celui de Florence, l'enrichissement pervers des Communes italiennes, leurs conflits internes et les guerres extérieures qui les opposent, bref l'anarchie régnant en Italie. Il n'est pas plus tendre enfin avec les princes et les rois, auxquels il reproche leurs ambitions indues, causes d'affrontements, qui sont à leur tour responsables de l'instabilité mondiale.

Peut-on parler de la *Comédie* comme d'une œuvre visionnaire, comme d'une utopie ? Assurément ! Mais vision et utopie sont, chez Dante, d'une élévation immense. Chose plus importante, elles ne se départissent jamais d'une constante préoccupation pour le réel et pour l'ardente obligation d'un bonheur terrestre, qui n'est jugé en rien incompatible avec la béatitude éternelle. En ce sens, la *Comédie* est comme le rêve gigantesque du nouveau (et finissant) Moyen Age chrétien.

A quoi s'ajoute, pour conclure, une non moins extraordinaire variété des registres mis en œuvre (bas, moyen et sublime) et des moyens d'expression employés dans le « poème sacré » : néologismes, dialectalismes, latinismes, etc. Dans l'*Enfer,* un diable se sert de son cul comme d'une trompette, alors qu'au début du dernier chant du *Paradis* saint Bernard commence en ces termes son invocation à la Vierge : « O Vierge mère, fille de ton Fils : humble et haute plus que toute créature, / terme fixé d'un éternel conseil, / tu es celle qui tant a ennobli / l'humaine nature que Celui qui la fit / n'a pas dédaigné d'être faite par elle... »

Boccace (1313-1375). — Admirateur fervent de Dante à qui il dédie un éloge et une biographie, Giovanni Boccaccio a des origines sociales différentes de celles de l'auteur de la *Comédie.* Fils illégitime (mais bientôt reconnu) d'un marchand florentin, il appartient donc à cette nouvelle classe qui s'est affirmée dans les villes italiennes. Comme tant d'autres jeunes Florentins de sa condition, il apprend le latin, la comptabilité et fait l'apprentissage des affaires.

A Naples (1321-1340). — Agent de la puissante compagnie commerciale des Bardi, le père de Boccace se rend à Naples en 1321 pour l'y représenter. Il emmène son fils et y demeure avec lui jusqu'en 1340. Peu porté sur le commerce, le jeune homme, qui fréquente la cour et les milieux intellectuels gravitant alentour, se montre bientôt un auteur prolifique.

Entre 1334 et 1335, il compose la *Caccia di Diana (Chasse de Diane),* qui lui permet de célébrer les plus célèbres dames de Naples, et le *Filostrato,* autre poème en octaves, qui évoque les peines d'amour de son protagoniste. Roman en prose, le *Filocolo* (1336-1338) reprend le thème des amours de Floire et Blanchefleur. Le *Teseida* (1339-1341 ?), poème en douze chants, évoque les guerres de Thésée.

Abondante et diverse, cette production touche à de nombreux registres, mais s'inscrit encore dans la tradition de la littérature courtoise.

A Florence (1341-1360). — Son père étant contraint de rentrer du fait de la faillite des Bardi, le retour obligé de Boccace à Florence (mal vécu : il rêvera toujours de Naples) le conduit à un profond changement d'inspiration et d'existence.

Bien que réticent à l'égard d'une culture encore provinciale, Boccace en devient bientôt l'un des protagonistes. Et il se voit confier des missions politiques d'une certaine importance.

Durant les premières années de son séjour dans sa patrie, il compose la *Commedia delle Ninfe* (1341-1342) qui raconte en prose et en vers les amours d'un berger et d'une nymphe ; l'*Amorosa Visione* (1342), en tercets, célèbre les triomphes de la Sagesse, de la Gloire, de la Richesse, de l'Amour et de la Fortune ; l'*Elegia di madonna Fiammetta* (1343-1344 ?) est la confession d'une jeune femme trahie par son amant ; le *Ninfale fiesolano* (1344-1346) évoque les amours de deux pasteurs toscans. Ces premières œuvres florentines sont marquées par un certain « réalisme » dans la psychologie des personnages et la représentation des paysages. La plus originale est la *Fiammetta,* roman à forme autobiographique qui met en première ligne une femme.

Le Décaméron. — Rassemblant cent nouvelles racontées en dix journées par sept jeunes femmes et trois jeunes gens, qui ont fui dans la campagne Florence pestiférée, le *Décaméron* est un livre organique dont la structure est signifiante. Chaque journée (sauf la première et la neuvième) traite d'un thème unique et, d'un thème à l'autre, les narrateurs progressent vers un sommet : de la première nouvelle du recueil (dont le protagoniste résume tous les vices des hommes), on s'élève jusqu'à la dernière journée, où sont célébrées des actions magnifiques et libérales.

Autre élément unificateur du *Décaméron,* les personnages sont confrontés à trois forces qui, selon Boccace, gouvernent le monde : la Fortune, l'Amour, l'Intelligence. Les sots et les faibles sont vaincus ou ridiculisés ; les hommes et les femmes astucieux et entreprenants l'emportent. D'où des tragédies, des drames, mais aussi des mots d'esprit, des ruses et de mauvais tours *(beffe).*

On rencontre dans le *Décaméron* toutes les passions, tous les sentiments des hommes, qui pratiquent tous les métiers, appartiennent à tous les âges de la vie et représentent tous les types : beaux ou laids, stupides ou intelligents, bons ou méchants. Aucune classe sociale n'est oubliée. Si l'aristocratie domine encore statistiquement, les marchands font leur entrée en scène et les humbles sont promus parfois au rang de protagonistes, quelques-uns accédant même à l'intelligence, à l'amour et à la courtoisie.

Un autre aspect original du *Décaméron* est son féminisme proclamé. S'opposant à la misogynie de la littérature et de la société de son temps, Boccace adresse son livre aux femmes et crée des héroïnes qui revendiquent leur indépendance et leur droit à la sexualité.

Appelé traditionnellement « comédie humaine », le *Décaméron* est aussi caractérisé par l'ampleur de ses horizons. Si quelques nouvelles sont situées dans une antiquité encore médiévale, d'autres récits évoquent les Croisades et la plupart l'actualité récente et même contemporaine. L'espace géographique du recueil est plus vaste encore. Car il englobe l'Europe occidentale et le bassin méditerranéen et, au sein de celui-ci, les contrées et villes d'Italie, avec une claire prédilection pour la Toscane et Florence en particulier.

Non seulement, donc, le chef-d'œuvre de Boccace n'est pas — comme on l'a trop cru — un florilège grivois, mais il nous semble qu'il véhicule un message.

Boccace critique vivement le clergé de son temps, luxurieux, hypocrite et avide, sans toucher toutefois au dogme et aux fondements de l'Eglise. Bien que mettant en scène nombre de marchands, il condamne leur attachement à l'argent. Promoteur de quelques humbles, il considère que le peuple dans son ensemble est sot et violent. Admirateur des valeurs courtoises, il pense que les nobles forment une catégorie sociale dépassée. Laudateur de Giotto et de Cavalcanti, il attaque les intellectuels qui font commerce de leurs dons. En bref donc, il a le sentiment d'une crise que vit la société de son temps.

Or le symbole de cette crise est — nous semble-t-il — l'épidémie de peste longuement décrite dans l'*Introduction* du *Décaméron* : une épidémie qui a ruiné toutes les valeurs sociales. Pour y remédier, Boccace crée une alternative utopique, celle de sa *lieta brigata* de conteurs, qui met en pratique un modèle de comportement démocratique, harmonieux et respectueux des normes morales et religieuses : « La plus grande humanité, la plus continuelle des concordes » *(Conclusion)*.

Expressément adressé aux femmes et au nouveau public des Communes, le *Décaméron* obtient auprès de celui-ci un exceptionnel succès, qui gagne l'Occident tout entier. En Italie et jusqu'au XVIIIe siècle, le chef-d'œuvre de Boccace s'impose à tous les prosateurs grâce aux vertus de son écriture : lexique vaste et varié, adjectivation savante, emploi de tous les registres du langage, construction complexe de la phrase, etc.

Maturité et vieillesse (1360-1375). — Parvenu à une certaine aisance et à une sûre renommée, Boccace fait la rencontre de Pétrarque, le prince des intellectuels de son temps, et entretient avec lui d'étroites relations amicales et culturelles. Sous son influence, il se lance dans la composition d'œuvres encyclopédiques en latin : la *Genealogia deorum* (traité de mythologie classique), le *De montibus...* (dictionnaire de géographie), le *De casibus* et le *De mulieribus claris* (biographies d'hommes et de femmes illustres confrontés à la Fortune).

Vers 1365, Boccace écrit le *Corbaccio,* libelle misogyne, qui renie le féminisme du *Décaméron.* Après avoir vécu une crise morale et religieuse, après s'être retiré un temps dans la bourgade de Certaldo où il finira sa vie, Boccace nous donne avec le *Vilain Corbeau* une œuvre ambiguë. Son retour en arrière éclaire bien en tout cas la signification de la position qu'il occupe dans la littérature italienne : entre Moyen Age et Renaissance. En 1375, un an après Pétrarque, il meurt et est enseveli sous une pierre tombale portant une épitaphe rédigée par ses soins, qui s'achève par un vers proclamant son profond attachement à la littérature : *Studium fuit alma poesis.*

Pétrarque (1304-1374). — La poésie comme motivation de la vie et suprême valeur, telle pourrait être aussi (et mieux) la devise de Pétrarque. Né à Arezzo, du fait de l'exil imposé à son père (ami de Dante) par les Florentins, Francesco Petrarca fut emmené par celui-ci à Carpentras avec le reste de sa famille. Notaire, ser (maître) Petracco avait trouvé un emploi à la cour papale d'Avignon. Bien qu'il eût très tôt manifesté un vif penchant pour la littérature, François Pétrarque fut envoyé à l'Université de Montpellier puis à celle de Bologne, pour y étudier le droit.

De retour en Provence en 1326, il rencontre à Avignon l'année suivante, dans l'église Sainte-Claire, la jeune Laure, personnage ayant réellement existé mais dont on ignore presque tout. Il en tombe amoureux sans jamais rien obtenir d'elle ; elle deviendra l'inspiratrice de sa poésie. A la mort de son père, le maigre patrimoine ayant bientôt fondu, Pétrarque prend les ordres mineurs, qui lui ouvrent l'accès à des bénéfices ecclésiastiques (dont plusieurs canonicats successifs), lesquels lui garantissent l'indépendance financière. En 1330, il entre au service du cardinal Giovanni Colonna, d'une grande famille romaine. Cette position lui ouvre l'accès de la cour pontificale, l'introduit dans les cercles culturels européens et lui fournit l'occasion de voyages à Paris, Gand, Liège (où il découvre deux discours de Cicéron), Aix-la-Chapelle, Cologne, Lyon.

Rentré à Avignon en 1337, hostile à la corruption régnant dans la ville et partisan du retour du pape à Rome, il se retire à Fontaine-de-Vaucluse où il demeure jusqu'en 1353, interrompant son séjour par de fréquentes visites à l'étranger. Son prestige est bientôt tel que le Sénat romain et l'Université de Paris lui offrent en 1340 la couronne de laurier des poètes. Pour des raisons culturelles et patriotiques, il opte pour Rome, où il est couronné sur le Capitole.

Revenu chez lui en 1342, Pétrarque connaît une profonde crise spirituelle, liée à la découverte et à la méditation de saint Augustin, à l'entrée de son frère au couvent et aux remords que lui valent certaines liaisons féminines.

Ayant rencontré un jeune notaire romain, Cola di Rienzo, partisan de la création d'une république romaine et du retour à Rome de l'Empire et de la papauté, il adhère à ses rêves. En 1347, il part donc pour la Cité éternelle, où Cola a fomenté une révolution, dont il apprend l'échec en chemin. Déception politique puis désespoir sentimental : Pétrarque apprend que Laure est morte lors de la peste de 1348.

Désemparé, il séjourne dans diverses villes d'Italie, partout accueilli avec de grands honneurs. De 1353 à 1361, il est à Milan l'hôte des Visconti (ennemis par ailleurs de Florence). La peste le chasse et il se réfugie à Padoue puis à Venise, qu'il quitte pour revenir à Padoue en 1368. C'est à Arquà qu'il passe ses dernières années, dans une maison de campagne offerte par Francesco da Carrara, seigneur de Padoue.

Cet itinéraire est exemplaire d'une carrière d'intellectuel au fond apatride, ni municipal, ni national, mais « européen » avant la lettre. Pétrarque est le premier écrivain occidental vivant de sa plume, reconnu par ses pairs mais aussi par les puissants et faisant de la littérature sa préoccupation exclusive.

Œuvres latines. — Beaucoup plus nombreuses que la poésie en langue vulgaire, elles furent aussi jugées beaucoup plus importantes par Pétrarque, qui leur confie sa gloire (non sans raison, du moins jusqu'au XVe siècle compris).

Sa correspondance, qu'il organise et publie avec soin, se divise en *Familiares* (lettres familières), *Seniles* (lettres de la vieillesse) et autres. Réunies en 24 livres, les premières sont au nombre de 350 ; adressées à des amis et à des confrères, mais aussi — idéalement — à des écrivains antiques, elles sont composées entre 1325 et 1366. La plus célèbre raconte l'ascension du poète au mont Ventoux : on y trouve non seulement une première découverte du charme des montagnes, mais une attentive introspection ainsi que l'allégorie d'une crise morale débouchant sur l'ascèse. Divisées en 17 livres, les *Seniles* vont de 1361 à 1374, et sont marquées par un sens toujours plus aigu de l'approche de la mort. S'y ajoute une longue épître *A la postérité,* sorte d'autobiographie du poète depuis sa naissance jusqu'à 1371. 66 *Epistolae metricae* complètent cet ensemble imposant, très élaboré, souvent remanié, qui témoigne d'un double souci — typiquement pétrarquien — de son moi et de sa gloire.

Composées entre 1346 et 1348, les 12 églogues du *Bucolicum Carmen,* sur le modèle de Virgile, traitent sous le voile de la pastorale, de sujets historiques et moraux. Polémiste ardent, défenseur acharné de ses idées et de lui-même, Pétrarque compose aussi des invectives, dont une *Sur sa propre ignorance et celle d'un grand nombre,* où il expose les deux clefs de son œuvre : *pietas* et *sapientia.*

L'*Africa,* par laquelle Pétrarque veut rivaliser avec Virgile, est un poème épique inachevé qui chante de façon trop grandiloquente la seconde guerre punique et exalte la grandeur de la République romaine. Egalement inachevé, le *De viris illustribus* donne 23 biographies de héros romains, bibliques et mythologiques. Incomplets sont aussi les *Rerum memorandum libri,* choix d'anecdotes jugées dignes de mémoire et à visée moralisante.

Animé par l'égotisme pétrarquien, le *De vita solitaria* propose en modèle la vie solitaire du lettré, ses colloques avec les livres et la nature, cependant que le *Secretum* — non destiné à la publication — expose les pensées les plus chères de l'écrivain à propos de l'écoulement inexorable du temps, du caractère caduc de la condition humaine, du conflit qui l'agite entre ambitions mondaines et aspirations religieuses.

Les « Triomphes ». — Ce poème en tercets, dû à un long travail, s'efforce de resituer la passion pour Laure dans le cadre d'une réflexion morale et religieuse. Pétrarque y évoque les triomphes successifs de l'Amour, de la Chasteté, de la Mort, de la Renommée, du Temps et de l'Eternité. Ces visions allégoriques, dans le goût médiéval, d'une autobiographie exemplaire et d'une montée vers la vérité, ne sont pas une réussite, à cause du poids de l'érudition. Seuls échappent à la pesanteur quelques rares passages lyriques.

Le Chansonnier. — *Rerum vulgarum fragmenta,* tel est le titre original du *Canzoniere* de Pétrarque. Ce recueil de poésies autonomes est en même temps organisé : fait nouveau dans l'histoire de la poésie lyrique en vulgaire, et résultant d'une réflexion et de remaniements incessants. Dans son état définitif, le *Canzoniere* compte 366 poèmes, majoritairement des sonnets, mais aussi des chansons (29), des sextines (9), des ballades (7) et des madrigaux (4).

Les critères de mise en ordre du *Chansonnier,* complexes, peuvent se ramener à trois : évolution psychologique, itinéraire symbolique (du péché à la Rédemption), nécessités rhétoriques. Ils se combinent au nom d'un principe plus subtil encore : de variété et d'unité, de similitude et de changement, de rapprochement et d'opposition. Et cela autour de trois axes structurants : le sonnet introductif, qui ouvre une première section (de la « juvénile et première erreur ») ; la chanson CCLIV, qui annonce une deuxième section liée (au moins *a posteriori*) à la mort de Laure ; la chanson finale, adressée à la Vierge, qui finit par ces vers : « Recommande-moi à ton fils, véritable homme, véritable Dieu, qu'il reçoive mon dernier souffle en paix. »

Dans le *Canzoniere* domine l'inspiration amoureuse (louange et célébration de la dame aimée, évocation des lieux et des moments où le poète l'a rencontrée), mais autour d'elle s'organisent d'autres thèmes : politique (contre les barbares occupant l'Italie ou contre la Babylone avignonnaise), moral et religieux (appel de Pétrarque à Dieu pour qu'il l'aide à résoudre ses contradictions intimes toujours renaissantes).

Alors que, comme on l'a vu, la langue poétique de Dante est plurielle, celle de Pétrarque est strictement unitaire dans son ton et son lexique raffinés, équilibrés, harmonieux, jouant notamment sur les antithèses et les symétries, sur les couples d'adjectifs, de substantifs, de verbes et même de phrases (« Tantôt je pleure, tantôt je chante / et je crains et j'espère ; et en soupirs et en rimes / j'épanche mon angoisse », CCLII).

Certaines caractéristiques du langage poétique pétrarquien, auxquelles on vient de faire brièvement allusion, certaines images emblématiques récurrentes (eau/froid, flamme/glace, guerre/paix, mort/vie, etc.) seront récupérées par ses continuateurs jusqu'à devenir comme un répertoire obligé et conventionnel de la poésie lyrique en et hors d'Italie. Alors que le *Décaméron* devient le modèle de la prose narrative dès la deuxième moitié du XIVe siècle, le *Chansonnier* exerce ce même rôle en matière de poésie lyrique à partir du XVIe siècle surtout, et ce jusqu'au XVIIIe.

Courants et écrivains « mineurs ». — Quelle que soit l'immense stature des Trois Couronnes que l'on vient d'évoquer, il faut observer que le XIVe siècle est en Italie d'une grande richesse et diversité littéraires.

Ce n'est pas cependant en matière de poésie que l'on trouve les écrivains les plus nouveaux. Les Florentins Sannuccio del Bene (1275 environ - 1349), Matteo Frescobaldi (1297 ?-1348) et quelques autres ne sont que des épigones du stilnovisme. Exilé au Nord, le Toscan Fazio degli Uberti (vers 1305 - après 1367) est l'auteur de poésies politiques violemment antiflorentines et du *Dittamondo (Dits du monde),* sorte d'encyclopédie géographique de goût médiéval. Né à Ferrare, Antonio Beccari (1315-1370 environ) erre de cour en cour et exprime son désespoir dans certains de ses poèmes. Marqué par l'influence de Dante, Giovanni Quirini est le premier poète lyrique vénitien. Vivant également dans le nord de la péninsule, Francesco di Vannozzo (1340 environ - après 1389) est lui aussi un poète pétrarquisant. Dans la production de Simone Serdini, Toscan (1360 environ - 1419 ou 1420), ce sont les compositions « désespérées » et antiflorentines qui sont les plus intéressantes.

Le filon « comico-réaliste » poursuit son cours au XIVe siècle. Le Florentin Antonio Pucci (1310 environ - 1388) évoque dans ses vers les épisodes de la vie quotidienne de sa cité, compose en vers un résumé de la *Chronique* de Giovanni Villani (cf. ci-dessous), et quelques *cantari* ou poèmes chevaleresques repris de la tradition française et destinés à être chantés sur les places.

Le triomphe de la *Divine Comédie* suscite l'apparition de très nombreuses exégèses d'orientation philosophique puis « philologique ». Parmi les auteurs de ces commentaires, on compte deux des fils de Dante et des Bolonais, tels Graziolo de Bambagliuoli (1291-1343), Jacopo della Lana et Benvenuto da Imola (1330 environ - 1387 ou 1388), également historien et auteur de commentaires à des écrivains antiques.

A la littérature didactique appartiennent les œuvres de Francesco da Barberino (1264-1348), dont le *Reggimento e costumi di donne,* sur le bon comportement des femmes, et l'*Acerba* de Cecco d'Ascoli (1280 environ - 1327), une sorte d'encyclopédie scientifique.

Extrêmement abondante, la littérature de dévotion vise à diffuser dans la population une vision moyenne ou « bourgeoise » de la foi. Anonymes, les *Fioretti di san Francesco* donnent du saint une image simple et touchante. Le dominicain Cavalca (1270 environ - 1342) publie des récits hagiographiques ; son confrère Passavanti (1302 environ - 1357) rassemble dans le *Specchio di vera penitenza* certains de ses sermons de carême, qui cherchent à susciter terreur et repentir. Forte personnalité, Catherine de Sienne (1347-1380) adresse une abondante correspondance aux puissants et traduit son expérience mystique dans le *Dialogo della Divina Provvidenza.*

Liés au phénomène communal (notamment toscan), deux genres littéraires s'imposent au XIVe siècle : l'historiographie et la nouvelle.

Dino Compagni (1246 ou 1247-1324) compose une *Chronique* où il évoque de façon polémique les divisions de Florence, dont il a été avec Dante le protagoniste et la victime. Le marchand florentin Giovanni Villani (1276-1348) compose une *Nouvelle Chronique* qui laisse encore place à une vision universaliste et providentialiste de l'histoire, mais qui, concernant les événements les plus récents, traite des problèmes économiques en termes concrets et statistiques. Matteo Villani (1280 environ - 1363) prend la suite de son frère, donnant une vision plus pessimiste des temps, cependant que son fils Filippo (1325-1405) écrit, dans une perspective préhumaniste, des biographies de Florentins célèbres. A Florence toujours, Marchione Stefani (né en 1336) compose des annales d'une précision minutieuse ; Donato Velluti (1330-1370) est l'un des premiers représentants d'un groupe de marchands écrivains qui se développe au cours du siècle et se prolonge jusqu'au XVe, avec par exemple Giovanni Morelli (1371-1444).

La littérature narrative de la seconde moitié du XIVe siècle a deux caractéristiques essentielles : elle est municipale et toscane et n'échappe pas à la forte influence du *Décaméron.* Florentin, Franco Sacchetti (1332 environ - 1400) est l'auteur de commentaires sur les Evangiles et d'un recueil de *Trois cents Nouvelles* (dont 78 ont été perdues). A la différence de Boccace, Sacchetti rassemble sans ordre des récits étonnants de la vie quotidienne, qu'il accompagne ou précède de considérations moralisantes. Issu du milieu marchand comme Sacchetti, le Lucquois Sercambi (1348-1438), également chroniqueur, donne dans ses *Nouvelles* une vision sommaire et brutale de l'humanité. Sermini, Siennois, rassemble, vers 1424, 40 nouvelles, dont certaines développent agressivement la satire topique du « vilain ».

Où l'on voit que la nouvelle italienne de la seconde moitié du XIVe siècle et du début du XVe est le produit et le reflet de la civilisation communale, dans son ultime expansion et le début de son déclin.

Chapitre II

DES COMMUNES AUX COURS (XVᵉ-XVIIᵉ SIÈCLES)

Humanisme et Renaissance : une conscience. — Bien qu'ils n'emploient jamais les termes d'Humanisme et de Renaissance (mais ceux de *studia humanitatis* ou de « restauration »), les intellectuels italiens du XVᵉ siècle ont pleinement conscience du fait qu'ils sont les artisans d'une nouvelle époque culturelle, résolument différente des temps antérieurs et refondatrice des valeurs antiques.

Car ils refusent le *medium aevum* (âge intermédiaire, Moyen Age), qu'ils condamnent comme « gothique » ou « barbare ». Ils voient ensuite en Pétrarque et Giotto les initiateurs du « nouvel âge » : moderne. Enfin ils ont le sentiment de vivre un « âge d'or », de « lumières » (opposées aux « ténèbres » médiévales), ou bien encore de « floraison », de « renouveau ». Tel que nous le considérons aujourd'hui, ce renouveau a trois caractères essentiels : la redécouverte de l'Antiquité; la pratique d'une philologie (ou science des textes) et d'une archéologie rigoureuses; plus encore, une ferme confiance dans la capacité de l'homme, de l'individu, à se faire l'artisan de son propre destin.

I. — L'humanisme « civique »

A Florence, qui lutte contre les agressions des « tyrans » de Milan et de Naples, se constitue entre 1380 et 1440 environ un groupe d'écrivains formés à l'école du Pétrarque latin. On a nommé ces hommes humanistes « civiques » *(civili)* en raison de leur engagement moral et intellectuel en faveur de la République.

Chancelier de cette même République, notaire de formation, Coluccio Salutati (1331-1406) est comme le père fondateur du groupe. Opérateur culturel, il fait venir à Florence des savants, dont le byzantin Chrysoloras (1350 environ - 1415) qui enseigne le grec à l'Université et publie la première grammaire grecque *(Erotemata)* à l'intention des Occidentaux. En relations épistolaires étroites avec ses confrères, Salutati suscite et anime (comme ses successeurs) des campagnes de recherche et d'édition de textes anciens. A travers ses traités, ses dialogues et ses lettres, il diffuse un message qui repose sur trois thèmes essentiels : action, sociabilité, liberté, lesquels fondent la dignité de l'homme. Dans son *Invectiva* contre un confrère milanais, le chancelier célèbre la beauté, la richesse et la gloire littéraire de Florence.

Au nombre des successeurs de Salutati à la tête de l'administration florentine, on compte Leonardo Bruni (1370 environ - 1444) qui traduit en latin Platon et Aristote, compose des biographies de Dante et de Pétrarque et surtout un éloge de la cité de Florence *(Laudatio florentinae urbis)* ainsi qu'une histoire du peuple florentin *(Historiae florentini populi)*. Ces deux œuvres visent à l'illustration de la République ; la deuxième recourt aux documents et écarte toute explication providentielle des événements.

Ami de Bruni, le Florentin Giannozzo Manetti

(1396-1459) est l'auteur d'un *De dignitate et excellentia hominis* qui, à l'opposé des *Contemptus mundi* médiévaux, exalte l'énergie créatrice de l'homme et célèbre les joies de la vie terrestre. Concitoyen et contemporain de Manetti, Matteo Palmieri (1406-1475) écrit en langue vulgaire — et non en latin comme la plupart de ses confrères — la *Vita civile,* qui traite de l'éducation du citoyen.

L'admiration que les humanistes florentins vouent aux écrivains et aux héros antiques (ainsi qu'à Dante) n'est donc pas qu'érudite, mais aussi idéologique. Pour eux, Cicéron n'est pas seulement le maître de la prose latine, mais un modèle de citoyen. Ainsi l'imitation des Anciens n'est-elle pas simplement littéraire, mais aussi morale : imitation du père par le fils, dans le sens du progrès et non de la copie servile.

Hors de Florence, les correspondants, amis ou (parfois) ennemis des humanistes florentins, hormis les Vénitiens qui glorifient eux aussi leur République, s'appliquent essentiellement à des travaux d'érudition et de rénovation pédagogique. Car l'Humanisme est aussi découverte de l'originalité de l'enfance. Parmi eux on compte Gasparino Barzizza (Bergame, 1360 environ - Milan, 1431), éditeur de Cicéron, auteur d'un manuel d'orthographe latine et d'un traité de rhétorique; Guarino Guarini (Vérone, 1370 environ - Ferrare, 1460), traducteur de Plutarque et de Strabon et directeur d'une école célèbre; Vittorino da Feltre (1373 environ - 1446), autre pédagogue fameux; Pier Paolo Vergerio (1370-1444), éditeur de l'*Africa* de Pétrarque, commentateur de Sénèque et Hippocrate et surtout auteur d'un *De ingenuis moribus et liberalibus studiis,* traité de didactique qui connut une large diffusion en Europe au XVIe siècle. Romain, Lorenzo Valla (1405-1457) publie notamment un ouvrage de rhétorique et linguistique latines : les six livres des *Elegan-*

tiarum linguae latinae, qui font autorité durant plus d'un siècle dans tout l'Occident.

Leon Battista Alberti. — Elève de Barzizza, descendant d'une grande famille de marchands florentins exilés en 1382, Alberti fait carrière à la Curie, qui lui fournit indépendance et relations avec les princes et les intellectuels du temps. Homme complet, exemplaire à ce titre des ambitions de la Renaissance, il est architecte, théoricien de la peinture et de l'urbanisme, mathématicien et écrivain : auteur de nombreux ouvrages de philosophie et de morale tant en latin qu'en langue vulgaire.

Parmi ces derniers, le dialogue de la *Famiglia* est, avec le *De re aedificatoria,* l'œuvre la plus importante et la plus diffusée d'Alberti. Hymne aux Alberti, la *Famille* célèbre les thèmes clefs de l'Humanisme contemporain : la *virtus* (action énergique et courageuse), la raison (capable de percer les lois logiques régissant l'univers), la *prudentia* (ou capacité de prévoir). Mais Alberti fait plus encore dans son dialogue : il est en effet le premier écrivain qui justifie — contre les interdits traditionnels — les profits des hommes d'affaires, et qui établisse un lien entre le temps et l'argent. Pour Leon Battista, l'homme qui s'avère capable de maîtriser le temps réalise tous ses désirs.

La crise de l'humanisme civique. — Auteur de cette désacralisation révolutionnaire du temps, Alberti énonce pourtant aussi des idées plutôt rétrogrades dans son dialogue. D'une part, il tend à donner pour idéale, par la voix de l'un de ses personnages, une vie solitaire à la campagne, en une situation d'économie quasiment autarcique, loin de tout engagement politique. D'autre part, dans le quatrième livre de la *Famille,* plus tardif que les précédents, il fait dire au protagoniste, un de ses jeunes parents, que la réussite d'une carrière peut être obtenue grâce à la faveur des princes.

Des Communes aux cours : vers la même époque, l'auteur de la *Vie civile,* Matteo Palmieri compose une *Città di vita,* où, revenant sur ses choix antérieurs, il se prononce en faveur de la contemplation et non plus de l'action. Et au même moment, oublieux de ses précédents engagements au service de la République, il devient un partisan des Médicis, qui ont pris en 1434 le pouvoir à Florence.

II. — L'humanisme « littéraire »

Si la première Renaissance exalte la libre édification par les hommes de leurs cités, les écrivains de la seconde moitié du Quattrocento s'orientent vers l'évasion ou la contemplation. La montée en puissance des cours italiennes est l'un des motifs de cette évolution.

Laurent le Magnifique (1449-1492). — Homme d'affaires (mais globalement malheureux), maître officieux (et parfois contesté) de Florence, mécène et aussi écrivain, Laurent de Médicis domine la scène culturelle italienne de son temps.

Doté d'une formation humaniste poussée, il est l'auteur d'une œuvre littéraire riche et diversifiée. Ses écrits antérieurs aux années 1470 — la *Nencia da Barberino* (si elle est de lui), poème pastoral de veine burlesque; l'*Uccellagione,* récit parodique d'une chasse au vol; le *Simposio,* vision comique d'un banquet néo-platonicien — sont les produits d'une inspiration encore municipale. De 1470 environ jusqu'à 1478, le *Comento* (recueil de poèmes accompagnés d'un commentaire en prose sur le modèle de la *Vita nuova* et du *Convivio* dantesques) et l'*Altercazione* (dialogue philosophique) sont les témoignages d'une réorientation de la pensée laurentienne vers le néo-platonisme. Après 1478 (date de l'assassinat de Julien, frère de Laurent), 1484 (date de la mort de sa mère), 1488 (date de la mort de sa femme et de sa fille), dans le contexte plus général d'une crise spirituelle « fin de siècle », Laurent devient d'abord plus « classique » avec le *Corinto* (poème pastoral), *L'Ambra* et l'*Apollo e Pan* (poèmes mythologiques) ; puis quasiment « mystique » avec la *Rappresentazione di san Giovanni e Paolo* (drame sacré) et des *Laudes,* qui visent d'autre part un plus large public.

Du début à la fin de son œuvre, Laurent revient sur quelques thèmes : le conflit entre l'homme et la Fortune (résolu en termes toujours plus pessimistes) ; l'écoulement inexorable du temps (*topos* d'origine horacienne) ; la représentation d'une nature éternellement printanière ; l'amour, traité sur le modèle stilnoviste et pétrarquien.

Certes la production de Laurent a ses limites (lourdeur de certaines parodies, superficialité, éclectisme, dilettantisme), mais elle possède aussi des qualités : une certaine finesse psychologique, une attention minutieuse aux détails concrets et surtout une tendance croissante aux doutes et aux incertitudes.

Luigi Pulci (1432-1484). — Compagnon de jeunesse de Laurent (mais sensiblement plus âgé que lui), de culture modeste, Pulci fait carrière à la cour des Médicis tant qu'y triomphe encore la vieille « manière bourgeoise ». A cette veine appartiennent sa *Joute de Laurent,* la continuation d'un poème chevaleresque de son frère Luca, et surtout le *Morgante.* Cet autre poème chevaleresque, dans les vingt-trois premiers chants de sa première édition, donne une vision burlesque des aventures des paladins de Charlemagne, notamment grâce à l'invention de deux personnages carnavalesques (dont Morgante, que le public transforma en héros du poème). Outre cette démystification des sources (déjà présente dans les *cantari* du XIVe siècle), le chef-d'œuvre de Pulci est remarquable par sa forte expressivité.

Augmenté de quatre chants (et devenu *Morgante maggiore* de ce fait), le poème de Pulci change de ton en racontant de façon tragique la mort de Roland. C'est que Pulci a compris, mais trop tard, qu'il n'est plus au goût du jour. Incapable de s'adapter aux modes nouvelles, il commet même l'erreur de s'en prendre à ses concurrents auprès de Laurent, et doit quitter Florence en 1472 pour se mettre au service d'un condottière.

Marsile Ficin (1433-1499). — Fils d'un médecin de campagne, Marsilio Ficino se voit confier par Côme l'Ancien le soin de traduire en latin l'œuvre de Platon. Vivant en retrait dans une villa offerte par son protecteur, il réunit bientôt autour de lui une libre « académie », un cénacle, où il reçoit des intellectuels et des bourgeois cultivés (dont les Médicis).

Traducteur de Platon et de plusieurs autres penseurs grecs, Ficin compose notamment la *Théologie platonicienne,* un commentaire au *Banquet* de Platon, un *De Vita.* Dans ces œuvres et bien d'autres, dont sa correspondance, il s'efforce de montrer par un recours complexe aux mythes, au poètes et philosophes antiques, que les diverses révélations divines convergent dans le christianisme. Et il saisit dans l'univers l'expression de l'amour divin, que l'homme ne peut atteindre que par intuition et contemplation.

Malgré ses obscurités, le néo-platonisme ficinien — soutenu par les Médicis — rencontre un énorme succès. Certains lecteurs y cherchent une réponse à leurs angoisses; d'autres un moyen quasiment magique de pénétrer le monde. Les gens « à la mode » sont sensibles à son sentimentalisme et à l'alternative qu'il représente face à la religion codifiée des théologiens. Bref, la pensée de Ficin se perpétue longuement, créant la mode de l'amour platonique et les idées de beauté et d'harmonie universelles.

Cristoforo Landino (1424-1498). — Parmi les habitués de la *familia platonica,* Landino, professeur à l'Université de Florence, auteur de commentaires et d'éditions d'auteurs latins, met en scène dans un dialogue (les *Disputationes camuldulenses*) un débat — auquel participent Ficin, Laurent et Julien de Médicis — sur les vertus de l'action et de la contemplation. A la différence des premiers humanistes, il s'y prononce pour la supériorité de cette dernière. Dans un commentaire à la *Divine Comédie,* largement diffusé, il proclame la supériorité de la culture florentine. Et il rencontre de la sorte la politique menée par Laurent, visant à l'illustration de la langue et de la culture florentines, grâce notamment à la composition de la *Raccolta aragonese,* ou anthologie de poètes depuis Dante jusqu'au Magnifique lui-même, adressée au roi de Naples Frédéric d'Aragon (d'où son nom).

Politien (1454-1494). — Agnolo Ambrogini (qui se fait appeler Poliziano parce que né à Montepulciano) est l'auteur de l'épître introductive de la *Raccolta.* Elève de Landino et Ficin entre autres, il entre en 1475 au palais Médicis comme secrétaire et précepteur du fils aîné de Laurent. Grâce à ce dernier, il obtient divers bénéfices ecclésiastiques (comme Ficin), mais rompt un court instant avec le maître de Florence pour devenir en 1480 professeur à l'Université de Florence.

La vie de Politien et son activité littéraire passent par deux phases essentielles. Jusqu'en 1479, il est l'auteur d'épigrammes en grec, d'une élégie latine pleurant la mort d'une noble Florentine, de la *Silvia in scabiem,* poème en hexamètres sur les effets de la gale, de poésies lyriques en langue vulgaire et de *Stances* en octaves célébrant une joute de Julien de Médicis *(Stanze per la giostra).* En 1478, aussitôt après la conjuration antimédicienne des Pazzi, Politien lance contre eux un violent libelle. Exilé volontaire à Mantoue en 1479, il compose la *Fabula di Orfeo.* Après cette date, il s'adonne essentiellement à des travaux d'érudition : les *Miscellanea* et les *Sylvae* (leçons inaugurales en hexamètres de ses cours universitaires).

Les compositions de jeunesse sont le fruit d'une parfaite assimilation des littératures classiques et d'une poétique fondée sur l'imitation et la contamination. Les poèmes en vulgaire renouvellent la tradition grâce aux apports de la poésie classique, du stilnovisme et du pétrarquisme : les thèmes sont ceux — topiques — de l'amour, de l'invitation à jouir de la vie, mais traités en un langage fluide et musical, apparemment facile. Les *Stanze per la giostra,* différemment de celles de Pulci, refusent les règles traditionnelles du genre, pour évoquer à travers le recours au mythe les amours de Julien et de Simonetta, symboliques de la marche de l'homme vers la contemplation. *L'Orphée* a la même signification néo-platonicienne, mais est marqué de pessimisme, dans la mesure où le protagoniste est incapable de renier le monde pour atteindre à Dieu.

Les œuvres savantes de Politien fondent une méthodologie moderne de critique des textes, appréhendés dans leur réalité et leur contexte, sans exégèse et sans faire une différence arbitraire entre « grands » et « mineurs ».

Pic de La Mirandole (1463-1494). — Le *leadership* culturel de Florence est encore attesté par l'expérience de Pic de La Mirandole, qui, issu d'une famille du nord de l'Italie, s'établit à Florence en 1484, attiré qu'il est par le prestige de Ficin et l'invitation de Laurent. Formé à l'école de l'aristotélisme, il s'efforce de concilier celui-ci avec le néo-platonisme. Auteur d'une *Oratio de hominis dignitate,* Pic prétend donner avec son *Heptaplus* une explication exhaustive de l'univers.

Hors de Florence. — Même si la cité des Médicis l'emporte largement en matière littéraire, on rencontre dans le reste de l'Italie de très nombreux humanistes (notamment à Milan et à Rome, laquelle — malgré certaines difficultés — s'ouvre volontiers aux intellectuels) : tels Francesco Filelfo (1398-1481), prototype de l'humaniste polémiste et versatile; Giorgio Merula (vers 1430-1494), élève du premier et adversaire acharné de Politien; Pomponio Leto (1428-1497), fondateur d'une Académie romaine; Bartolomeo Sacchi, dit Platina (1421-1481).

Toutefois Ferrare commence dès la fin du siècle à s'affirmer grâce à la politique menée par les Este. Tito Vespasiano Strozzi (1424-1505) est l'auteur d'élégies latines, de poésies en langue vulgaire et d'un poème épique à la gloire de Borso d'Este.

Mais c'est Boiardo (1440-1494) qui est l'écrivain ferrarais le plus important du temps. Noble, parent de Strozzi, fidèle serviteur des maîtres de Ferrare, il compose un *Canzoniere* en langue vulgaire, parmi les plus riches de la deuxième moitié du XVe siècle, des traductions en vulgaire d'auteurs antiques. Son chef-d'œuvre est le *Roland amoureux,* poème chevaleresque (le genre est à la mode à Ferrare), où s'expriment dans une trame complexe la nostalgie pour les valeurs d'un monde défunt, le goût de l'aventure et des belles actions, l'admiration pour des héros courageux. Le protagoniste, Roland, est cependant progressivement réduit à l'esclavage par sa passion pour la belle et fuyante Angélique; accablé, porté au désespoir et à la fureur, il est conduit à un destin tragique déterminé par une inexorable fatalité.

1494. — Le poème de Boiardo s'interrompt sur la nouvelle de la descente des Français de Charles VIII en Italie. On l'a vu : Laurent de Médicis disparaît en 1492; Politien, Boiardo, Pic meurent en 1494; Landino en 1498; Ficin en 1499. Avec eux disparaissent tous les animateurs de l'Humanisme littéraire et s'estompent les espérances de l'Humanisme originel. N'est-il pas significatif qu'au chevet de Laurent moribond l'on trouve Savonarole? Rêvé, mis en pratique, l'âge d'or laisse la place à un âge de fer, certes cruel, mais d'abord aussi fécond!

Historiographie et réflexion politique à Florence. — De 1494 à 1530 et au-delà, les incursions des armées étrangères dans la péninsule font s'effondrer de nombreux Etats et changer bien des régimes. Ainsi Florence chasse les Médicis en 1494, passe alors sous un régime « démocratique » inspiré par le millénarisme savonarolien, puis sous l'autorité d'un gonfalonier élu à vie. En 1512, elle doit réadmettre les Médicis, s'en débarrasse à nouveau en 1527, pour repasser sous leur coupe en 1530. Aspects extraordinairement positifs de ces bouleversements, l'historiographie et la « philosophie » politique se renouvellent radicalement.

Machiavel (1469-1527). — Issu de la moyenne bourgeoisie florentine, Niccolò Machiavelli est nommé en 1498 (après la chute de Savonarole) responsable de la deuxième chancellerie de Florence. Il y est chargé de la rédaction de certains comptes rendus des conseils, du secrétariat des magistrats de la guerre, de la mise sur pied d'une milice. Homme de confiance du chef de l'Etat, Soderini, il accomplit de nombreuses missions hors de Florence, notamment auprès de César Borgia (fils du pape Alexandre VI et créateur d'un Etat éphémère en Romagne), de la Curie, de Louis XII et de l'empereur d'Allemagne. Sa position est celle d'un technicien, d'un conseiller, non d'un décideur : d'où son regard critique vis-à-vis de ceux qu'il rencontre ou dont il applique les ordres. Mettant en forme ses observations, ses notes et ses rapports, Machiavel rédige des *Portraits (Ritratti)* de l'Allemagne et de la France, des considérations sur le comportement de César Borgia.

Mais, en 1512, au retour des Médicis à Florence, Machiavel, qui s'est trop sincèrement et activement engagé en faveur de la République, est chassé de son poste et même arrêté et torturé, parce que soupçonné d'avoir participé à une conspiration républicaine. C'est alors qu'il se fait écrivain, composant *Le Prince,* les *Discours sur la première décade de Tite-Live,* l'*Art de la guerre,* l'*Histoire de Florence* ainsi que des comédies, une nouvelle, des poésies diverses. Or ces écrits sont comme autant de compensations d'une activité forcée et un moyen pour Machiavel de se faire ouvrir les portes du palais Médicis. En 1520, l'ex-secrétaire obtient enfin sa grâce, mais littéraire plus que politique, car il est chargé de rédiger, moyennant une pension, l'*Histoire de Florence.*

Le Prince (intitulé *De principatibus* par son auteur, puis appelé *Principe*), s'opposant expressément aux utopies politiques antérieures (de Platon et bien d'autres jusqu'au Moyen Age et au-delà), découvre à l'intention d'un nouveau prince (un Médicis?) les moyens effectifs du vrai gouvernement. Ce sont — écrit froidement Machiavel — la force et la ruse, puisque aussi bien les hommes sont naturellement méchants. L'homme d'Etat *virtuoso* (dépourvu de préjugé, intelligent et énergique jusqu'à la violence), que le libelle machiavélien appelle de tous ses vœux, se voit donner en conclusion la mission (utopique) de libérer l'Italie de l'oppression étrangère. Le propos est révolutionnaire ; l'écriture et le raisonnement ne sont pas moins originaux : dépouillés et obéissant à une logique de fer.

Commentaires (typiquement humanistes) d'un auteur classique, les *Discours sur Tite-Live (Discorsi sulla Prima Deca di Tito Livio)* fournissent à Machiavel — sans qu'il oublie le présent le plus cuisant et ses découvertes du *Prince* — l'occasion de se tourner vers un passé qu'il mythifie : la Rome républicaine, en qui il veut trouver un modèle de société à restaurer.

Le dialogue technique (mais le dialogue est aussi un genre humaniste) qu'est l'*Art de la guerre (Arte della guerra),* entre un vieux soldat et de jeunes intellectuels florentins, se fonde sur la même image idéalisée : celle du soldat-citoyen à la romaine (et à la façon des anciennes milices communales), que Machiavel oppose de façon caricaturale et polémique aux mercenaires, jugés par lui responsables (avec les princes) des malheurs présents de l'Italie.

Préparée par la biographie exemplaire de Castruccio Castracani, l'*Histoire de Florence (Istorie fiorentine)*, inachevée, retrace essentiellement les événements politiques (les seuls dont Machiavel dit qu'ils l'intéressent), c'est-à-dire les conflits d'hommes et de partis qui ont agité la ville depuis ses origines jusqu'à 1492. Historiographe stipendié, Machiavel se sert de divers procédés (dont des discours inventés) pour critiquer les procédés de gouvernement mis en œuvre entre 1434 et 1492 par les Médicis. Prudemment, il clôt son récit sur l'éloge de Laurent, ne prenant pas le risque d'aborder la narration des faits contemporains.

Si les poèmes de Machiavel (autobiographiques, historiques, pour le Carnaval et autres) ne sont que d'un niveau modeste, par contre deux de ses comédies, la *Mandragore (Mandragola)* et la *Clizia,* témoignent des capacités de leur auteur dans ce genre nouveau, relancé en Italie et très apprécié d'un Médicis, le pape Léon X. La *Mandragore* illustre aussi la volonté (typiquement machiavélienne) de provoquer l'attention du public (ou du lecteur) par l'agression et/ou le paradoxe. Car la comédie ne se finit pas par un mariage, mais par une proclamation de fidélité dans l'adultère, que prononce l'héroïne Lucrezia, laquelle se situe de ce fait à l'opposé de son homonyme romaine!

Guichardin (1483-1540). — Ami de Machiavel, mais différemment de lui, membre de la très haute bourgeoisie florentine et partisan d'un régime aristocratique à Florence, Francesco Guicciardini, docteur en droit, fait une très brillante carrière internationale. Avocat, il est envoyé en 1512 ambassadeur en Espagne. Peu après il passe au service de deux papes issus de la famille Médicis, Léon X et Clément VII. Par eux il est nommé gouverneur de Mantoue, Reggio Emilia et Parme, puis président de la Romagne et enfin lieutenant général des troupes pontificales.

Après le sac de Rome (1527) par les troupes de Charles Quint, la fortune de Guichardin commence à fléchir. Il n'obtient plus que des missions épisodiques et de médiocre importance, et est frappé d'ostracisme par le dernier gouvernement républicain de Florence (de 1527 à 1530). Lors du retour des Médicis dans la cité, il soutient les ambitions du parti oligarchique, dont il est l'un des chefs, mais sans parvenir à de grands résultats. Après 1530, lorsque Côme Ier parvient au pouvoir, il le soutient par opportunisme, mais est promptement écarté et se retire, en un exil volontaire, sur ses terres.

Entré fort jeune et fort brillamment en politique, Guichardin s'adonne très tôt à l'écriture. Il commence dès 1508 une *Histoire de Florence (Storie fiorentine),* inachevée ; il rapporte de son séjour en Espagne un journal *(Diario)* et une relation *(Relazione)* ainsi qu'un discours politique *(Discorso di Logrogno).* En 1527, lors de son premier exil et de son premier échec, il écrit une sorte d'autobiographie en forme de procès, *Consolatoria, Oratio accusatoria* et *Oratio difensoria,* en langue vulgaire comme toutes ses autres œuvres. Entre 1528 et 1530, il entame une autre histoire de Florence *(Cose fiorentine),* également inachevée, et écrit des *Considérations* critiques sur les *Discours* de Machiavel. Durant une longue période (1512-1530), il écrit et modifie à son propre usage des *Ricordi,* c'est-à-dire diverses réflexions politico-morales. Mais son œuvre décisive est l'*Histoire d'Italie (Storia d'Italia),* dont la composition date de son ultime exil.

Comparée à l'*Histoire de Florence* de Machiavel, l'*Histoire d'Italie* (mais le titre n'est pas de l'auteur) est résolument nouvelle par son ampleur géographique (en fait toute l'Europe) et par son actualité. Car elle commence en 1494 — l'année de tous les périls et de toutes les catastrophes — et s'achève en 1534, relatant de la sorte les faits les plus brûlants de la crise contemporaine. C'est bien d'ailleurs en termes de crise et de tragédie que Guichardin voit les événements que subissent des princes incapables, ou que tentent de dominer des hommes *fortunati* (aidés par le hasard).

Confrontée avec celle de Machiavel, la réflexion politique de Guichardin apparaît quasiment à ses antipodes. Comme son ami, Guichardin est convaincu qu'il faut être absolument réaliste et que le rythme de l'histoire est fondamentalement immuable, mais il considère que l'homme n'est pas (ou plus) capable d'en percer les lois et qu'il doit donc renoncer à forger son avenir (et plus encore celui des peuples), se contentant d'adapter ses intérêts (son *particulare*) aux événements grâce à son discernement *(discrezione)*. Bref, face aux « utopies » du « réaliste » Machiavel (fruits d'un sursaut de volonté contre la tragédie ambiante), Guichardin, résolument antidogmatique, refuse tout héroïsme et conseille aux hommes politiques de modeler leur comportement au gré de la continuelle et imprévisible mouvance des choses.

Là où, comme on l'a vu, la pensée de Machiavel se veut rigoureusement logique, et s'exprime de façon catégorique, l'intuition guichardinienne (notamment dans les *Ricordi*) procède par hypothèses et tâtonnements, sans fuir les contradictions et les antilogies, qui sont les conséquences directes de son refus de toute rigidité paralysante.

La crise de la Renaissance. — Contre Machiavel (encore une fois, mais dans une confrontation d'idées fondamentale), Guichardin écrit que se trompent ceux qui allèguent à tout instant les exemples des Romains, et affirme qu'il est désormais impossible d'appliquer aux temps nouveaux le modèle antique. Ce faisant, il proclame l'inanité de l'un des mythes fondamentaux de l'Humanisme. D'autant qu'il reconnaît que le *Fatum* ne laisse à l'individu qu'une très étroite marge d'initiative. Contre l'avis de ses contemporains, l'auteur du *Prince* voulait encore que l'homme ait 50 % de possibilités de s'imposer face à la Fortune.

Littérature courtisane et/ou de consommation. — En cette époque éminemment troublée de la première moitié du Cinquecento, le divertissement est plus que jamais nécessaire aux yeux mêmes des contemporains. Produits en langue vulgaire de l'Italie (et non de la seule Toscane), la pastorale, le poème chevaleresque, la comédie, la nouvelle répondent à cette attente.

Jacopo Sannazaro (1457-1530). — Ce noble originaire de Lombardie est l'un des personnages importants de la vie culturelle napolitaine (avec les humanistes Giovanni Pontano (1429-1503) et Benedetto Cariteo (1450-1514)). Bon connaisseur des classiques et de la littérature florentine, il écrit des poésies en latin et en langue vulgaire et surtout *L'Arcadia,* un grand succès de librairie.

L'Arcadia représente en prose et en vers des épisodes d'une vie pastorale idyllique au sein d'harmonieux paysages ; en un monde et un lieu d'évasion. Alors que la première édition (1501) contient encore nombre de dialectalismes et de latinismes, la seconde (1504) — augmentée — est épurée sur le modèle toscan.

L'Arioste (1474-1534). — A Ferrare, où les Este (on l'a vu) attirent et soutiennent les intellectuels, tels Niccolò da Coreggio (1450-1508) ou Antonio Tebaldeo (1463-1537), Ludovico Ariosto — de vieille famille noble — occupe le devant de la scène culturelle. Entré à la cour en 1497, il y devient un des « familiers » d'Alphonse d'Este, accomplissant des missions diplomatiques et administratives et organisant les fêtes du palais.

Auteur de poèmes en latin, de poésies en vulgaire et de nombreuses comédies, il publie en 1516 le *Roland furieux (Orlando furioso),* réédité quinze fois jusqu'à sa version définitive (1532) et republié quelque 132 fois au cours du seul XVIe siècle : preuve éclatante du fait qu'il rencontre les besoins d'un très large public. Reprenant le poème de Boiardo là où il s'était interrompu, il raconte les combats opposant les paladins de Charlemagne aux envahisseurs païens d'Agramante et la victoire finale des premiers.

Au milieu d'aventures innombrables, on distingue un fil conducteur et quelques thèmes fondamentaux. Le premier consiste dans la passion de Roland pour Angélique, qui le fait abandonner Paris pour de longues errances. Comprenant finalement qu'il ne sera jamais aimé, Roland tombe dans une folie grandiose (d'où le titre de l'œuvre). Il dévaste tout sur son passage, jusqu'au jour où l'un de ses compagnons d'armes va chercher dans la lune le flacon de sa sagesse envolée et le guérit.

Pour nombreux que soient les personnages et les incidents évoqués, deux thèmes fondamentaux font l'unité du poème. Dominateur, entendu comme une force naturelle visant à son assouvissement, l'Amour motive les sentiments qui agitent les personnages. Le conflit entre l'homme et la Fortune met en scène des hommes en continuel mouvement et en lutte perpétuelle, qui sont finalement vaincus par le hasard. Roland le tout premier sombre dans l'irrationnel.

On peut donc dire que la vision ariostesque du monde est aussi pessimiste que celle d'un Machiavel ou d'un Guichardin. Toutefois, la différence est grande entre l'Arioste et ses deux contemporains. Car l'auteur du *Roland* est plus nostalgique que polémique ; et son âpreté est émoussée par la fluidité et la musicalité de sa poésie, ainsi que par le regard distancié et humoristique qu'il porte sur une chevalerie à laquelle il ne croit plus. Ensuite, le poème est un chef-d'œuvre de littérature désengagée. L'Arioste a pour programme explicite l'amusement de ses lecteurs et s'interdit apparemment toute allusion à l'actualité contemporaine la plus brûlante.

Poème « inoffensif », le *Roland* est enfin une œuvre courtisane, car, au travers des amours de la chrétienne Bradamante et du païen converti Roger, l'Arioste célèbre les lointaines origines de ses maîtres, ainsi qu'au-delà la noblesse de cœur et de naissance et les vertus courtoises, tout en ne cachant pas son mépris pour la bourgeoisie (et son appétit d'argent) et le peuple.

La comédie. — Comme on l'a dit, l'Arioste est l'intendant des fêtes princières de Ferrare ; dans ce cadre, il est l'auteur de comédies en proses et en vers : *Cassaria, Suppositi, Negromante, Lena, Studenti.* La *Cassaria* (1508) doit beaucoup aux modèles classiques, alors que la *Lena* (1523) se distingue par son « réalisme », tant dans l'évocation de Ferrare que dans la psychologie des personnages, dont la protagoniste, une prostituée vieillissante avide d'argent.

Depuis l'Antiquité chrétienne jusqu'au Cinquecento, le théâtre était tombé dans un profond oubli. C'est le mérite des écrivains italiens que de l'avoir réinventé. Au XVe siècle apparaissent des comédies humanistes en latin destinées à la lecture ; à partir des années 1450 se multiplient les éditions et les représentations de comédies latines, progressivement traduites et adaptées. La *Cassaria* de l'Arioste est suivie de nombreuses autres pièces, non seulement du même auteur, mais de Bibbiena (la *Calandria*), de l'Arétin, etc. : une production foisonnante qui se perpétue jusqu'au milieu du Cinquecento. Certaines de ces œuvres sont jouées partout dans la péninsule et en franchissent même les frontières. Les centres de production et de consommation théâtrales majeurs sont Ferrare, Venise, Florence, Sienne et Rome.

L'imitation créatrice est l'une des caractéristiques fondamentales de l'esthétique de la Renaissance. La typologie (au reste éternelle) de la comédie italienne n'innove guère, mettant en scène amoureux jeunes et vieux, domestiques, pédants, parasites, auxquels elle ajoute bravaches (hispanisés par rapport au modèle antique), religieux (repris du *Décaméron*), etc. Retrouvant également les procédés comiques de son ancêtre, la comédie italienne du XVIe siècle tend à compliquer les intrigues, à développer la mimique gestuelle et surtout à donner une fonction importante au langage : doubles-sens obscènes, déformation de mots étrangers ou savants, parodies de phrases ou de titres célèbres, et même dialectalismes et mélange des langues.

Sous le nom de théâtre de Ruzante, Angelo Beolco (1496 environ - 1542) est un maître en ce dernier domaine. Il compose deux comédies en vers, cinq en prose et trois *Dialogues*. Ses premières compositions sont des parodies rustiques de pastorales ; les suivantes mettent en scène le rustre Ruzante confronté à la triste réalité de sa vie quotidienne. Beolco écrit principalement en dialecte, mais ses personnages usent d'une langue propre à leur condition.

La tragédie. — Avec un certain retard sur la comédie vient la tragédie : *Sofonisba* de Trissino (1478-1550), *Rosmunda* et *Oreste* de Giovanni Rucellai (1475-1525), etc. Composée pour la cour, elle développe la problématique du conflit entre devoir (raison d'Etat) et passions, le premier triomphant toujours des secondes. Là où la comédie, dans un décor urbain, met en scène bourgeois et peuple soumis à son rire distanciateur, la tragédie joue sur le sublime dans un décor de palais et d'édifices solennels.

L'imprimerie. — Sannazar, l'Arioste et d'autres connaissent de grands succès de librairie. L'un des facteurs déterminants de ce phénomène est l'imprimerie. A Venise, par exemple, le Sénat concède un premier privilège à un typographe allemand en 1469.

Au XVIe siècle, avec Manuce et Giolito, la Sérénissime devient l'un des plus grands centres éditoriaux du monde.

Or l'imprimerie entraîne des conséquences considérables. Elle multiplie la diffusion des livres et en abaisse le prix, mais elle met entre l'auteur et le public un intermédiaire, l'éditeur, qui — pour des raisons économiques — pèse sur les choix littéraires et suscite l'apparition d'un nouveau type d'écrivain polygraphe, lequel suit les exigences du marché et les conforte. La plupart sont de pauvres ères, mais l'Arétin (Pietro Aretino, 1492-1556) triomphe. Installé à Venise en 1527, il saisit toutes les nouvelles ressources offertes par l'imprimerie et multiplie les œuvres de toutes espèces (théâtre, hagiographie et même pornographie), se servant du chantage pour obtenir dons et faveurs des puissants de l'Europe entière.

La nouvelle. — Parmi ceux que l'on a appelés les aventuriers de la plume (ou pour mieux dire de l'imprimerie), il faut compter certains auteurs de nouvelles et de traités : deux marchés porteurs. Au nombre des premiers, après le méridional Masuccio Salernitano (1410 environ - 1475), viennent, pour n'en citer que quelques-uns : Parabosco (1524 environ - 1557), Straparola (mort après 1557), Lando (1512-1553), tous septentrionaux, comme Matteo Bandello (1481-1561), sans doute le plus grand ; les Florentins Firenzuola (1493-1543), Grazzini (dit Lasca) (1503-1584), Doni (1513-1574), et les Siennois Fortini (1500-1562), Scipione (1540-1612) et Girolamo Bargagli (1537-1586). Pour simplifier, on dira que, alors qu'aucun ne peut s'affranchir du modèle décaméronien, les Toscans choisissent la voie du réalisme municipal au quotidien, les septentrionaux celle de l'évasion vers le merveilleux ou la fable. Chacun cherche à faire, non pas mieux mais plus que Boccace, en alourdissant le trait : obscénité, horreur, extraordinaire, etc.

Les traités. — On a dit justement que le Cinquecento est le siècle des précepteurs, car le traité est un genre à succès. Ainsi Alessandro Piccolomini (1508-1578) publie un *Dialogue sur les bonnes manières des femmes (Dialogo della bella creanza delle donne)* ; Francesco Sansovino, un traité du secrétaire ; et Giovanni Della Casa (1503-1556), par ailleurs brillant poète pétrarquiste, un *Galateo,* ou livre du bon comportement en société, promis à une large et longue diffusion.

Baldassare Castiglione (1478-1529). — Ce noble mantouan, formé à la cour de Milan puis passé à celles d'Urbin et de Rome, finit une carrière exemplaire comme nonce en Espagne. Son *Courtisan (Libro del cortegiano)* est traduit dans toutes les langues entre 1534 et 1593.

Il édifie, dans le cadre mythifié de la cour d'Urbin, le modèle international des parfaits hommes et dames de cour, pratiquant les convenances, sachant élégamment se plier aux circonstances et se conformer aux usages, dans leur parler, leur costume, leur démarche, leurs activités; dotés par la naissance et l'exercice de « grâce » et de « désinvolture », deux « vertus » qui les distinguent du reste de l'humanité.

La question de la langue. — Voici un autre domaine où s'applique le goût réglementaire du Cinquecento (devenu plus rigide encore au Seicento). Dans son *Courtisan,* Castiglione se fait le défenseur d'une langue italienne de cour, fondée certes sur la tradition toscane, mais enrichie de formes « nobles », régionales et latinisantes. Le problème n'est pas seulement technique, au moment où la langue vulgaire devance le latin en tant que moyen d'expression des écrivains italiens. Faut-il choisir le toscan, qui domine depuis le XIVe siècle, ou une langue « nationale »? Le Vénitien Pietro Bembo (1470-1547), passé à Rome où il devient cardinal, impose sa solution avec ses *Prose della volgar lingua* : celle d'un vulgaire « illustre » reconstruit sur le modèle des Trois Couronnes (Dante, Pétrarque, Boccace). Sa victoire a des effets positifs, car elle conduit à l'acceptation quasi générale d'une langue littéraire italienne savante, raffinée, réglementée et stable; mais elle a aussi des conséquences négatives, parce qu'elle fonde une langue écrite et non d'usage, qui ne concerne que les classes élevées.

III. — **Maniérisme et baroque**

Nouvelles donnes historiques. — La période 1550-1700 environ est largement déterminée par deux événements, l'un politique, l'autre idéologique. Signée en 1559, la paix de Câteau-Cambrésis met fin aux guerres d'Italie et assure une longue période de paix à la péninsule, tout en la faisant passer sous l'autorité de l'Espagne et de ses modes.

Accumulant un fort retard économique, toujours plus absolus, les Etats italiens deviennent provinciaux, des satellites de l'étranger, ou bien se cantonnent dans une stricte neutralité. D'autre part, la Réforme protestante entraîne de la part de l'Eglise catholique un énorme effort de réorganisation disciplinaire et dogmatique, mise en place par le concile de Trente (1545-1563). Rome proclame l'autorité absolue du pape, l'indiscutabilité des dogmes et des institutions. Elle renforce le contrôle des activités culturelles, en réorganisant l'Inquisition, en créant le Saint-Office et *l'imprimatur* (autorisation préalable à l'impression des livres), ainsi que *l'Index* des livres interdits parce qu'hérétiques ou simplement contraires aux bonnes mœurs (dont le *Décaméron* et le *Prince*). Enfin l'Eglise catholique élabore sa propre culture, en s'appuyant sur les Jésuites, qui interviennent massivement dans l'éducation des élites et la production littéraire et artistique (avec Daniello Bartoli (1608-1685) et sa monumentale *Histoire de la Compagnie de Jésus*; des prédicateurs comme Paolo Segneri (1624-1694), etc.).

Il résulte de ces deux événements de lourdes conséquences pour les écrivains italiens et leur production complexe et polymorphe. Pour simplifier, celle-ci peut être définie comme réglementée et comme irrégulière. Les boussoles imposées créent aussi des déboussolés et des innovateurs.

Le Tasse (1544-1595). — Même si l'on ne doit pas lui appliquer l'interprétation d'un révolté romantique avant la lettre, Torquato Tasso subit durant son existence les conséquences extrêmes de ce qui vient d'être dit. Né à Sorrente d'un lettré bergamasque de noble origine (et auteur d'un poème chevaleresque), Torquato suit tout jeune son père à Rome. Toujours avec son père, il se rend ensuite à la cour d'Urbin. Il se retrouve peu après à Venise puis à Padoue, où il fait des études de philosophie et d'éloquence et est reçu à l'Académie locale. En 1565 commence le premier séjour du Tasse à la cour de Ferrare, où il devient gentilhomme salarié et poète officiel du duc d'Este. Pendant une dizaine d'années, il mène une vie apparemment heureuse, s'avère un écrivain exceptionnellement fécond. C'est à Ferrare qu'il achève la *Gerusalemme liberata,* qu'il compose des *Discorsi dell'arte poetica,* qu'il écrit de nombreux poèmes pétrarquisants notamment dédiés à des dames de cour, qu'il ébauche une tragédie (achevée en 1587 sous le titre de *Re Torrismondo*) et qu'il fait représenter à la cour sa pastorale l'*Aminta,* où sous l'hédonisme affiché perce le sentiment de la précarité du bonheur.

Mais tout bascule bientôt. Tourmenté par les remarques acerbes de lettrés sur son poème épique, remarques qu'il avait pourtant sollicitées; pris d'angoisse quant à son orthodoxie religieuse jusqu'à se soumettre de lui-même à l'examen des inquisiteurs; mal à l'aise dans une cour où dominent intrigues et rivalités, s'imaginant persécuté, il fait un scandale et est enfermé dans un couvent.

Ayant pu s'en évader, il se rend à Sorrente, Rome, Mantoue, Padoue, Venise, Pesaro, Urbin et Turin. De retour à Ferrare en 1579, s'estimant mal accueilli, il a une crise violente et est enfermé à l'hôpital de Sainte-Anne. Il y demeure sept longues années, tantôt en proie à des angoisses et des hallucinations, tantôt, plus lucide, adressant des suppliques aux puissants, ou défendant sa *Jérusalem,* publiée à son insu, contre de vives critiques.

Libéré en 1586, le Tasse se rend à Padoue, où il commence la révision de la *Liberata* pour en faire la *Conquistata*; mais il reprend bientôt ses errances inquiètes à travers l'Italie. Il achève sa vie agitée entre Naples (où il publie le *Mondo creato,* récit de la création du monde, et des *Discorsi del poema eroico*) et Rome (où il publie la *Conquistata*). Ultime mécompte : la mort l'empêche d'obtenir son couronnement solennel au Capitole, que le pape lui avait promis.

Courtisan incompris, le Tasse est aussi un écrivain inquiet. Dans ses écrits théoriques, il veut donner les règles des genres qu'il pratique et souhaite d'autre part obtenir des censeurs conseils et réglementations : toutes choses cependant qu'il est tenté de fuir ou de refuser dans l'errance et la folie.

Or la *Jérusalem délivrée* est elle-même emblématique de ce qui vient d'être dit. Produit d'une grande ambition (égaler sinon dépasser le *Roland furieux*), ce poème épique évoque la première Croisade. Il se situe dans la tradition du poème chevaleresque ferrarais, mais s'en distingue par de nombreux aspects : un sujet historique, un message d'exaltation de la foi et de la (re)conquête chrétienne, une forte unité narrative et une grande hauteur de ton, sans que pour autant s'estompe le sens de l'aventure, du magique et de l'exotisme. Mais ce qui domine dans la *Liberata,* outre la veine élégiaque de certains épisodes, c'est le sens du caractère caduc d'un monde où l'homme est soumis à une Providence aux desseins pour lui obscurs.

Transformée en *Conquistata,* la seconde *Jérusalem* censure tous les épisodes magiques et érotiques, nombreux dans la *Liberata*; elle radicalise l'opposition entre bons païens et mauvais chrétiens; bref, elle fait triompher sans partage une spiritualité qu'elle donne pour exemplaire, tout entière de piété et de dévotion.

De nouveaux intellectuels : les savants. — Au sein d'une certaine grisaille qui domine la littérature italienne du Seicento (et dont nous reparlerons), brille d'un nouvel éclat un espace culturel nouveau : celui de la science. Expérimentation scientifique et démonstration mathématique sont les principes méthodologiques que Galilée (1564-1642) expose dans une de ses lettres de 1613.

Si ces deux procédures sont comme évidentes aujourd'hui, il en va différemment au XVIIe siècle. Car les savants traditionnels se contentaient de maintenir le patrimoine des autorités, de le transmettre, de l'organiser et de le commenter. Avec Galilée, la science devient découverte : intuition, imagination, curiosité, observation sont à l'ordre du jour.

Toscan, Galileo Galilei, professeur de mathématique à Pise, passe à Padoue, où il met au point le télescope, qui lui permet de découvrir par l'observation quatre satellites de Jupiter et de décrire les taches lunaires.

Rentré à Florence, où il devient mathématicien du Grand-Duc, il adhère aux découvertes coperniciennes (qui ne placent plus la terre au centre de l'univers) et les systématise rationnellement dans le *Dialogo sopra i due massimi sistemi del mondo.* Dans le *Saggiatore,* Galilée polémique vivement avec un savant jésuite et se prononce contre le principe d'autorité, ainsi que pour l'application des données de l'expérience.

Or le *Saggiatore* devient comme le texte-programme de nouveaux savants, élèves ou protégés de Galilée, qu'il infiltre dans les lieux de réflexion et de recherche tant anciens que nouveaux. Le réseau d'influence de l'auteur du *Dialogo* comporte l'animateur du « Giornale de' letterati di Roma », Giovanni Ciampoli ; Torricelli, l'inventeur du baromètre et bien d'autres. Surtout, il crée autour de lui une république européenne d'hommes éclairés, dont Campanella, Sarpi et même Marino (dont nous reparlerons). Plus encore peut-être : bientôt Galilée décide de recourir au vulgaire dans ses écrits, fondant ainsi une nouvelle langue scientifique et de plus large communication.

Enfin, alors que d'innombrables académies littéraires fleurissent au XVIIe siècle en Italie, pour abriter de façon souvent vaine des écrivains en mal d'organisation et de discours, les académies scientifiques s'y multiplient aussi. Fondée à Rome en 1603, l'Accademia dei Lincei (Galilée y est reçu en 1611) est pourvue d'un jardin botanique, d'un cabinet d'histoire naturelle. Ayant choisi le lynx pour emblème à cause de l'acuité de sa vue, l'Accademia est le prototype des nouvelles structures d'accueil offertes aux savants : distinctes des milieux universitaires, lieux de libre échanges interdisciplinaires, pôles de diffusion des idées nouvelles. Créée en 1657 à Florence, l'Accademia del Cimento compte parmi ses membres le médecin lettré Francesco Redi (1626-1698), Lorenzo Magalotti (1637-1712) ainsi que Torricelli.

On sait le procès fait à Galilée et son abjuration ainsi que ses dernières années passées en résidence surveillée, durant lesquelles il publia à Leyde et non en Italie des *Discours et démonstrations mathématiques.* Malgré sa prudence verbale, son effort initial pour entretenir de bons rapports avec les savants jésuites, Galilée ne peut pas, sa vie durant, faire admettre par les censeurs sa théorie ambiguë de la double vérité, par laquelle il veut faire coexister les « vérités » discordantes de la science et de la théologie.

Réfractaires et exclus. — Giordano Bruno (1543-1600), entré fort jeune dans l'ordre dominicain, fait ses études à Naples et devient docteur en théologie. Très tôt il s'intéresse plus aux écrits des néo-platoniciens qu'à ceux des aristotéliciens, et est de ce fait l'objet d'un procès pour hérésie. D'où la contrainte de l'exil et d'une vie errante à travers toute l'Europe, à la recherche d'un refuge et d'une situation. Converti au calvinisme à Genève, il doit fuir l'intolérance des réformés. Venu à Paris, il y publie une comédie, *Il Calendaio,* satire de l'obscurantisme. Il doit ensuite s'enfuir pour l'Angleterre, où il développe après Copernic l'idée de la pluralité des mondes et de l'infinité de l'univers. Arrêté à Venise sur la dénonciation d'un patricien, il est remis entre les mains du Saint-Office et finalement brûlé vif à Rome pour avoir refusé toute rétractation et n'avoir accepté que de reconnaître l'autorité de l'Eglise.

Méridional et dominicain comme Bruno, Tommaso Campanella (1568-1639) tente d'expliquer le monde sans recours à la métaphysique et élabore une philosophie proclamant la supériorité de la connaissance sensible sur les autres procédures du savoir : aboutissement extrême de la nouvelle pensée scientifique. Arrêté en 1594, transféré à Rome, il doit abjurer et est renvoyé dans son couvent d'origine. De la révolte intellectuelle à la révolte politique : Campanella participe à une conjuration contre les Espagnols et élabore un programme « communiste » et théocratique. A nouveau emprisonné, il feint la folie pour échapper à la peine capitale. Dans la solitude de son cachot, il trouve une ultime voie d'expression (comme d'autres réfractaires de son temps) : celle de l'utopie de la ville idéale, où est aboli le sens de la propriété et sont respectées la justice et la tolérance *(Città del Sole)*. Finalement, après un court retour en grâce auprès d'Urbain VIII, il doit s'enfuir à Paris, où il meurt cinq ans plus tard.

Ecrivains conformistes. — Du fait de leur talent, les écrivains rebelles du XVIIe siècle retiennent l'attention. Ils sont pourtant bien loin d'être la majorité parmi les intellectuels. La plupart de ceux-ci se plient aux injonctions et aux pressions des hiérarchies. Tout au plus se dissimulent-ils derrière un masque. Ainsi Paolo Sarpi (1552-1623), qui lutte vaillamment sa vie durant contre Rome en faveur de l'indépendance idéologique et juridique de la République de Venise et publie à Londres son Histoire du concile de Trente, avoue qu'il est contraint de porter un masque, parce que personne ne peut s'en passer en Italie.

Masqués et conformistes sont en politique les continuateurs de Botero (1544-1617) et de sa *Ragion di Stato,* car ils définissent une « bonne » (?) raison d'Etat, consistant pour le prince à fonder pour son propre intérêt le bien des peuples, grâce à l'emploi de moyens vertueux et conformes aux enseignements de l'Eglise. Le prototype des conformistes est Torquato Accetto, qui publie en 1641 un traité significativement intitulé *Della dissimulazione onesta,* qu'il justifie par le fait que l'époque est hostile à ceux qui disent la vérité.

Nouveaux produits du temps. — Membre des académies de Bologne, de Vérone, de Rome et de Venise, Francesco Pona (1595-1655) est représentatif de ses confrères du fait de l'hypertrophie et de la diversité de sa production : scientifique, érudite, historiographique, poétique, théâtrale, romanesque : soit notamment deux volumes de *Rimes,* trois romans, une description de la peste de 1630, un dialogue, *La Lucerna,* et la rétractation de celui-ci.

Comme on le voit, la littérature baroque met sur le devant de la scène des genres nouveaux ou renouvelés, dont la poésie pétrarquiste et religieuse, le roman, la tragédie, la *commedia dell'arte* : toutes productions hyperboliques, hypertrophiques, déclamatoires, recourant au jeu verbal et à la métaphore notamment.

Roman d'aventure, psychologique, historique, exotique, édifiant, libertin, le genre littéraire inventé par le Seicento fait irruption sur le marché; il s'adresse à un large public auquel il apporte le divertissement et le dépaysement indispensables en un siècle de fer, en même temps que la propagande idéologique et morale en vigueur. Comme le montre par exemple la *Rosalinda* (1650) de Bernardo Morando, le roman baroque est une structure ouverte qui accueille librement une immense variété de personnages, de thèmes, d'horizons.

Si la comédie désacralisante n'a plus guère de place en un

temps où le rire est suspect d'irrévérence, la tragédie connaît par contre un grand succès. Car elle est solennelle, sanglante et régie par la « Raison de Dieu ». Ainsi la *Reina di Scozia* de Federigo Della Valle (1560 environ - 1628) décrit-elle les derniers jours de Marie Stuart, souveraine bonne et catholique, victime de la tyrannie d'Elisabeth, reine illégitime et protestante.

Au besoin de spectacle inhérent à la cour et au siècle en général, répondent encore la *commedia dell'arte* et le mélodrame, où la parole est réduite là au bénéfice de l'exhibitionnisme gestuel, ici au profit de la musique.

Omniprésents sont sur la scène littéraire les poètes lyriques et leur maître, Giambattista Marino (1569-1625), le chevalier Marin. Ce Napolitain fait une carrière aussi exemplaire que celle du Tasse, mais réussie. Fuyant Naples, il trouve accueil à Rome, puis se rend à Turin et à Paris, rentrant en triomphateur dans sa patrie en 1624. Il se fait un nom avec la *Lira,* recueil de poésies sensuelles et ingénieuses ; la *Galleria,* commentaire en vers d'œuvres d'art contemporaines ; la *Sampogna,* série d'idylles pastorales ; et surtout l'*Adone.* Cet immense poème (plus de 42 000 vers) reprend le thème ovidien des amours de Vénus et d'Adonis, en y insérant une foule d'épisodes étranges et inattendus et des digressions variées. Dépourvu d'unité apparente, l'*Adone* est un hymne à l'amour vu comme énergie universelle imprégnant toute la nature et les facultés de l'âme des plus basses aux plus hautes.

Dans la ligne de ce qu'il est convenu d'appeler le baroque, Marino rompt avec la tradition classique (représentée par ailleurs par un Gabriello Chiabrera (1552-1638), un Fulvio Testi (1593-1646) et d'autres). Au nom du « goût » du lecteur, il cherche à étonner, à intéresser à tout prix par le recours au bizarre, à l'extravagant. Marino et ses continuateurs (Achillini (1574-1640), Stigliani (1573-1661), Lubrano (1619-1693), Dotti (1649-1713) se servent de la métaphore inattendue et brillante, du jeu de mots ingénieux, de l'adjectivation savante, pour bouleverser les perspectives ordinaires et transfigurer le réel, afin de créer la stupeur. Mais ils traduisent aussi un goût général pour le passager et l'instable, un sentiment aigu et trouble du transitoire, qui sont propres à leur temps.

Evasion et parodie. — Illustrée par *L'Aminta,* la pastorale trouve dans le *Pastor fido* de Battista Guarini (1538-1612), émule du Tasse, l'occasion d'un éloge de l'innocence et de l'insouciance dans un mythique âge d'or.

L'époque de crise qu'est le Seicento italien entraîne en effet les écrivains sur les voies multiples de l'évasion. On a déjà évoqué l'utopie, qui propose à ses lecteurs la fuite dans l'intemporel et la critique dissimulée des impératifs en vigueur. On a parlé aussi du roman, qui dépayse. Mais la parodie est un autre moyen pour contester les règles établies. Dans sa *Secchia rapita,* par exemple, Alessandro Tassoni (1565-1635) traite d'une façon pseudo-épique un événement dérisoire.

La littérature en dialecte exprime enfin elle aussi la revendication d'une marginalité : littéraire celle-ci. Giulio Cesare Croce (1550-1609) évoque avec son *Bertoldo* la triste condition du paysan (bolonais) victime d'une inévitable inégalité sociale. Quant au Napolitain (encore un Méridional !) Giambattista Basile (1575-1632), il crée avec son *Cunto de li cunti,* le premier recueil européen de fables.

Perrault, Grimm s'en inspireront, montrant par là la fécondité d'une période — encore méconnue et dépréciée — de la littérature italienne, qui reste peut-être encore à découvrir ; mais non à surévaluer.

Chapitre III

DE L'ARCADIE AU « RISORGIMENTO » (XVIIIe-XIXe SIÈCLES)

Les grands conflits européens de la première moitié du XVIIIe siècle précisent les contours des Etats italiens. La paix d'Aix-la-Chapelle (1748) sanctionne la prépondérance de l'Autriche dans la péninsule ; les Bourbons d'Espagne règnent dans le Sud, le Piémont s'agrandit. Cette nouvelle géographie politique ne sera remise en cause que par la Révolution française. Dans la deuxième moitié du siècle, la culture des Lumières — en italien l'*Illuminismo* — favorise une politique de réformes dans plusieurs régions de la péninsule.

I. — L'Arcadie

L'Académie de l'Arcadie naît à Rome, le 5 octobre 1690, dans le couvent de San Pietro in Montorio. Elle prolonge l'action de l'Académie de la Chambre (devenue en 1674, Académie Royale) que Christine de Suède, installée à Rome après son abdication et sa conversion au catholicisme, avait fondée en 1656. L'Arcadie, région du Péloponnèse, renvoie au mythe d'un pays idéal de bergers, île heureuse hors du temps, terre d'élection de l'amour, chantée par nombre de poètes, de Théocrite à Virgile, de Sannazar au

Tasse. Bref, c'est l'invitation à s'évader dans un âge d'or idyllique. Certes, les rites et les règles de l'Arcadie (gravées en latin sur douze tables) sont convenus, mais le succès ne se fait point attendre : de nombreuses « colonies » naissent dans la péninsule. Une scission, née en 1711, sera résorbée. Ses orientations littéraires — le refus des excès baroques, la recherche d'une poésie musicale, sentimentale sinon sensuelle — sont suffisamment larges pour accueillir tous les poètes de la péninsule, jusqu'à Alfieri. L'Arcadie sut toutefois préserver le goût pour la poésie dans une époque qui ne lui était guère favorable, et garantir une forme d'italianité littéraire dans une péninsule politiquement morcelée.

Giovan Mario Crescimbeni (1663-1728) fut l'âme de l'Académie et son premier Gardien Général. Son *Arcadia* (1708) est une chronique vivante des premières années de vie de la nouvelle institution. Crescimbeni fait preuve d'un irénisme de bon aloi : il prône l'imitation des « grands » du passé, des provençaux à Pétrarque, à Chiabrera. Juriste fort connu — Montesquieu s'est très largement inspiré de ses idées dans son *Esprit des lois* —, Gian Vincenzo Gravina (1664-1718) a plus de mordant : son rationalisme, son moralisme antiquiétiste sont clairement affirmés. *Ragione e poetica* (1708) et *Della tragedia* (1715) précisent sa doctrine esthétique. L'inspiration doit être soumise à la raison, le cloisonnement entre genres littéraires est dépassé. Mais sa réflexion esthétique — qui a influencé ses contemporains — n'aboutit pas à une œuvre créatrice convaincante. Les poètes de l'Arcadie brillent plus par leur virtuosité technique (et leurs minauderies) que par leur originalité. Giambattista Zappi (1667-1719) connut de son vivant un grand succès. Eustachio Manfredi (1674-1739), le plus célèbre poète de la colonie bolonaise, est un élégant pétrarquiste. Le

Romain Paolo Rolli (1687-1765), élève de Gravina, chante, dans des poèmes que Goethe a prisés, l'amour galant et sensuel. Carlo Innoncenzo Frugoni (1692-1768) explore inlassablement le pays du Tendre (10 vol. d'*Opere poetiche,* posth., 1779). Poète dialectal, le Sicilien Giovanni Meli (1740-1815) s'inspire, dans *Buccolica* (1787, 1814), d'une vision rousseauiste de la nature et de la société. On lui doit aussi le poème héroïco-comique *Don Chisciotti e Sanciu Panza* (1787). En marge de l'Arcadie se développe une poésie didactique, dont le chef-d'œuvre est, à la fin du siècle, *L'invito a Lesbia Cidonia* (1793) de Lorenzo Mascheroni (1750-1800).

Métastase (1698-1782) et la réforme du mélodrame. — L'Arcadie s'était insurgée contre l'opéra et ses « déviations » : mélange des genres, absence des « unités classiques », emprise exorbitante de la musique et de la mise en scène sur le texte poétique. Apostolo Zeno (1668-1750) avait cherché à rapprocher le mélodrame de la tragédie. Noble dessein, sans doute supérieur à ses forces, à en juger par la cinquantaine d'œuvres qu'il a composées.

Né à Rome, le Métastase (1698-1782) — pseudonyme de Pietro Trapassi — montre un talent d'improvisateur qui lui vaut, dès 1708, l'appui et la protection de Gravina. En 1718 il est admis à l'Arcadie. En 1719 il s'installe à Naples, où il jouit de la protection d'une cantatrice célèbre, Marianna Bulgarelli. *Didone abbandonata* (1724) est son premier grand succès. Ses mélodrames historiques sont joués dans toute l'Italie : *Siroe* (1726), *Catone in Utica* (1728), *Semiramide riconosciuta* (1729), *Alessandro nelle Indie* (1729), *Artaserse* (1730). En 1730 il est appelé par Charles VI à Vienne, pour succéder à Zeno en tant que poète impérial. La décennie 1730-1740 est la plus féconde et la plus heureuse de sa vie : *Demetrio* (1731), *Olimpiade* (1733), *La clemenza di Tito* (1734), *Attilio Regolo* (1740, mais reprexcl. en 1750) en témoignent. Le règne de Marie-Thérèse le confine progressivement dans le rôle de poète courtisan : il écrit, pour l'essentiel, des « fêtes théâtrales », jouées par la famille impériale et sa cour. Métastase se penche sur les fondements théoriques de son art : *Estratto della poetica di Aristotile con considerazioni sulla medesima* (1773). Il constate avec mélancolie l'évolution du théâtre, de la musique, des idées. L'amitié de la comtesse Marianne d'Althann, puis de la jeune compositrice Marianne Martinez, le réconforte.

Poète et musicien, Métastase assignait à la musique le rôle d'accompagner le texte poétique, chargé de toucher le spectateur. Ses vers pourraient parfois se passer d'accompagnement, telle est leur musicalité. Les scènes de ses mélodrames s'appuyaient sur différents types de récitatifs et sur des transitions musicales, la musique reprenant ses droits dans les *arie.* Les intermittences du cœur, les conflits cornéliens entre le devoir et la passion sont au centre de son œuvre. Excellent dans le pathétique, dans l'entre-deux séparant la comédie et la tragédie, Métastase s'égare quand il vise au sublime et au tragique. Rousseau saluait en lui « le seul poète de cœur » ; Voltaire le tenait pour l'égal de Corneille et de Racine. Son succès a été sans lendemain : *Orphée et Eurydice* (1762) de Gluck, représenté à Vienne sur un livret de Calzabigi, marque la revanche de la musique et des chœurs sur le texte.

II. — **Carlo Goldoni (1707-1793) et la réforme de la comédie**

La comédie au XVIIIe siècle n'a pas de statut bien défini. La *commedia dell'arte,* tout en connaissant une décadence certaine, continue d'occuper le devant de la scène. Les Arcades ont beau s'insurger contre la médiocrité ambiante : les œuvres originales ne sont pas au rendez-vous. Les comédies des Toscans Girolamo Gigli (1660-1722), Jacopo Angelo Nelli (1673-1763), G. B. Fagiuoli (1660-1742), fortement influencés par le théâtre français, le confirment. Il en va de même pour Pier Jacopo Martello (1665-1727) et Scipione Maffei (1675-1755), qui connut en revanche un grand succès européen avec sa tragédie *Merope* (1713).

Le mérite de cette « réforme » revient au Vénitien Carlo Goldoni. Réforme et non pas révolution. Goldoni avance à petits pas sur le chemin qui mène de la *commedia dell'arte* à la comédie régulière, entièrement écrite. Son chemin n'a rien de linéaire, les retours en arrière sont nombreux. Auteur génial, Goldoni n'est pas un auteur précoce : il cherche sa voie, en puisant son inspiration — selon ses propres affirmations — dans les deux grands « livres » du monde et du théâtre. Or le public, les troupes d'acteurs, les « fournisseurs » de comédies imposent leurs exigences. Dans son œuvre, riche de quelque 120 comédies, les simples canevas alternent avec des pièces partiellement rédigées — où les masques de la *commedia dell'arte* continuent d'improviser leur rôle — et des comédies entièrement écrites. Pareillement, la langue italienne alterne avec le dialecte, miroir de la vie quotidienne en Vénétie.

Les travaux et les jours. — Venise, Pérouse, Rimini sont les premières étapes d'une jeunesse mouvementée. Goldoni achève ses études de droit à Pavie. Il séjourne en Vénétie, à Milan, à Gênes, où il épouse Nicoletta Conio ; il est consul à Venise de la République de Gênes ; il exerce à Pise la profession d'avocat (1745-1748). Sa naissance au théâtre date de 1738. Jusque-là Goldoni avait joué en amateur, organisé des spectacles, écrit des pièces (dont la tragi-comédie *Belisario,* 1734). Il entame à présent une carrière théâtrale professionnelle (compagnie Imer, théâtre San Giovanni Crisostomo) et amorce sa « réforme » : en 1738 il publie *Momolo cortesan,* un canevas avec un rôle écrit; en 1743, *La donna di garbo,* sa première pièce entièrement écrite. Les canevas et les pièces partiellement rédigées de cette époque — entre autres *Arlecchino servitore di due padroni* — relèvent encore de la *commedia dell'arte*; sous l'influence de Molière, commence néanmoins à s'affirmer un personnage central.

De 1748 à 1753 Goldoni travaille au théâtre Sant'Angelo, à Venise, pour la compagnie Medebach. Relevant le défi de Pietro Chiari, il tient la gageure d'écrire et de faire jouer seize comédies nouvelles (toutes, on s'en doute, ne sont pas de la même qualité) pendant la saison 1750-1751. Plusieurs de ses chefs-d'œuvre sont joués à cette époque : *Le café* (*La bottega del caffé,* 1750), *La famiglia dell'antiquario* (1753), *La locandiera* (1753). L'intrigue est centrée sur un « caractère »; la peinture de la bourgeoisie vénitienne est conduite avec brio; la moralité se dégage avec naturel. En 1750, Goldoni s'attelle à la première édition de ses comédies et rédige une pièce-manifeste, *Le théâtre comique.* En 1753, changement de rôles : Goldoni passe au théâtre San Luca, attiré par les conditions que lui propose Vendramin, le propriétaire; Chiari lui succède au Sant'Angelo. Goldoni élargit son répertoire, s'ouvre davantage aux modes. En 1756 est joué *La petite place (Il campiello),* qui prolonge avec bonheur son inspiration « chorale ». En 1758-1759 il dirige pendant sept mois, à Rome, le théâtre Tor di Nona. A son retour, il doit faire face à un adversaire plus redoutable que Chiari : contestant sa réforme, le comte Carlo Gozzi met en scène, à partir de 1761, des « fables » qui obtiennent un vif succès. Goldoni n'est pas en reste, qui publie plusieurs comédies remarquables — *Gl'innamorati* (1759), la trilogie de *La villégiature* (1761) — et plusieurs pièces vénitiennes : *Les rustres* (*I rusteghi,* 1760), *Barouf à Chioggia* (*Le baruffe chiozzote,* 1762). Las des polémiques avec Gozzi, en 1762 Goldoni accepte l'invitation de se rendre à Paris. Dans *Una delle ultime sere del Carnovale,* il fait ses adieux à Venise. La tâche à réaliser à Paris est considérable : la « Comédie italienne », qu'il a accepté de diriger, n'a pas été touchée par sa réforme. Goldoni est contraint de composer des canevas, des pièces partiellement rédigées. Il écrit aussi des pièces en français, dont *Le bourru bienfaisant* (1771). Il reprend et rédige entièrement certaines pièces, dont *Il ventaglio.* Mais il ne renouvelle pas son contrat avec le théâtre italien. Sa carrière de dramaturge est achevée. Nommé maître d'italien des enfants de la famille royale, Goldoni se consacre à la rédaction de ses *Mémoires pour servir à l'histoire de sa vie et à celle de son théâtre.* La Révolution supprime la pension que lui avait allouée le roi de France. La Convention la rétablit, le lendemain de sa mort, survenue le 6 février 1793.

Le théâtre de Goldoni. Polémiques. — Plus que par les « caractères », Goldoni est attiré par les rapports quotidiens entre les hommes : d'où l'importance accordée aux « lieux de sociabilité » (cafés, places, etc.). Le regard de Goldoni se pose, essentiellement, sur la bourgeoisie marchande — Pantalone, personnage ridicule de la *commedia dell'arte* se transforme en homme de bon sens — et sur le petit peuple : le patriciat, le clergé, les laissés-pour-compte ne figurent pas dans ses pièces, au nom de la « prudence », terme récurrent sous sa plume. Sa peinture de la bourgeoisie n'est guère complaisante : s'il l'oppose à une noblesse hautaine, il en fustige les travers, il en met au jour le repli égoïste sur elle-même. Mais Goldoni n'a rien d'un idéologue. Les « valeurs » de ses comédies se dégagent des vertus de ses personnages : esprit de travail, honnêteté, attachement à la famille. Le comique goldonien jaillit d'un optimisme prudent face à la vie, même si nombre de ses comédies ont encore recours aux procédés peu raffinés de la *commedia dell'arte.*

Carlo Gozzi (1720-1806), nous l'avons dit, a vigoureusement contesté la réforme goldonienne, mais surtout le tableau peu avenant que Goldini brosse de la noblesse, sa connivence avec le peuple, l'oubli des grands idéaux. Ce comte « réactionnaire » et moralisateur n'était point un sot. Pour prouver que le succès ne tient guère à la qualité de l'œuvre, Gozzi s'engagea à l'obtenir par des « contes de nourrices ». Le public applaudit la dizaine de *Fiabe* que Gozzi, dramaturge par défi, composa de 1761 à 1765. Le retour à la *commedia dell'arte,* le merveilleux les caractérisent, ainsi que la satire des personnages en vue et de l'esprit des Lumières. Les romantiques allemands découvriront avec enthousiasme ces *fiabe.*

III. — L'époque de l' « illuminismo »

L' « illuminismo » à Milan. — Tout en étant lié à la philosophie des Lumières, l'*illuminismo* a une orientation moins théorique, moins matérialiste. Il vise essentiellement à élaborer des réformes — économiques, juridiques, scientifiques — accueillies par un absolutisme éclairé qu'il ne conteste guère. Cette nouvelle culture s'affirme d'abord à Milan, sous le règne de Marie-Thérèse (1740-1780).

Autour du comte Imbonati s'était reconstituée l'Académie des *Trasformati* (1743-1768). Mais la nouvelle culture milanaise est liée au comte Pietro Verri (1728-1797) : à partir de 1761-1762, de jeunes intellectuels de son entourage forment la « Société des coups de poings » *(Società dei pugni)*. La revue *Il Caffé* (1764-1766) en est l'émanation. Ses collaborateurs (Pietro et Alessandro Verri, Beccaria, entre autres) y abordent, dans un style alerte, l'actualité économique, littéraire, scientifique. Ils se battent pour une saine vulgarisation de la culture, refusent le purisme. L'esprit du *Caffé* souffla encore pendant plusieurs années, avant que l'absolutisme de Joseph II ne mît sous l'éteignoir l'élan réformateur. Pietro Verri — qui en 1773 avait publié *Discorso sull'indole del piacere e del dolore,* cité par Kant — poursuit son œuvre d'essayiste (*Osservazioni sulla tortura, Storia di Milano,* posth.). Il veut montrer que liberté économique et liberté politique ont partie liée. En 1796 il siège dans la municipalité républicaine.

Un seul livre, *Des délits et des peines* (*Dei delitti e delle pene,* 1764), a suffi à assurer la célébrité de Cesare Beccaria (1738-1794). D'Alembert, Diderot, d'Holbach lui réservent un accueil enthousiaste. Beccaria rappelle, avec une rigueur passionnée, la véritable fonction des châtiments, s'insurge contre la peine de mort et démontre que la torture, en tant que moyen d'enquête, ne permet aucunement de découvrir la vérité. L'archiduc de Toscane, dans sa réforme de la législation pénale (1786), s'inspire de ces principes. Mais les élans réformateurs de Beccaria s'enlisent. Ce « retour à l'ordre » est encore plus net chez le romancier Alessandro Verri (1741-1816), frère de Pietro, auteur de *Le avventure di Saffo* (1782) et de *Le notti romane* (1792-1804), et chez Gian Rinaldo Carli (1720-1795), économiste *illuminista* devenu, à l'arrivée des républicains, « réactionnaire » convaincu.

La culture du XVIIIe siècle à Naples. — Malgré la structure archaïque du royaume, la vie intellectuelle à Naples est d'une richesse considérable. En 1725 Giambattista Vico (1668-1744), professeur d'éloquence à l'Université de Naples, dicte son *Autobiografia* et publie *Principes d'une Science nouvelle* (*Principi di Scienza Nuova,* 3e éd. augm., 1744). Isolé dans son époque, qui l'a méconnu, redécouvert plus tard avec enthousiasme, Vico élabore une philosophie de l'histoire qui bat en brèche le rationalisme cartésien. L'âge des dieux, l'âge des héros, l'âge des hommes sont les trois époques d'un cycle sans cesse recommencé. A ces trois époques correspondent, au plan esthétique, les sens, la fantaisie, la raison. Vico étudie le passé avec des méthodes qui annoncent l'historiographie moderne : par l'archéologie, l'ethnologie, la mythologie, il cherche à saisir la vie collective des peuples. La poésie en est leur essence, qui caractérise la forme intuitive de la connaissance. Procédant par fulgurations, souvent difficile, la prose de la *Science nouvelle* se détache dans le panorama du XVIIIe siècle.

Historien et juriste, Pietro Giannone (1676-1748) annonce par son *Istoria civile del Regno di Napoli* (1723) la culture *illuminista* : il conteste le pouvoir ecclésiastique, voire, dans le *Triregno* (1733-1735), toute transcendance. Dans la deuxième moitié du siècle, naissent à Naples des théories économiques et politiques résolument modernes. Citons l'abbé Ferdinando Galiani (1728-1787), qui vécut dix ans à Paris, et ses *Dialogues sur le commerce du blé* (1770) ; le philosophe et économiste Antonio Genovesi (1713-1769) ; Gaetano Filangieri (1752-1788) et sa *Scienza della legislazione* ; Mario Pagano (1748-1799), juriste et historien — auteur d'un projet de constitution républicaine —, exécuté par les Bourbons.

Giuseppe Parini (1729-1799). — La plupart de ses œuvres sont demeurées à l'état de fragment, ou sont dispersées dans des recueils collectifs : poète *illuminista,* poète de cour, Parini est aussi un poète de circonstance. Né à Bosisio, Parini est orienté très tôt vers l'état clérical. Reçu en 1753 à Milan parmi les *Trasformati,* il passe plusieurs années (1754-1762) auprès de la duchesse Serbelloni, en tant que répétiteur de ses enfants. De l'observation critique de ce milieu superficiel — qui le tolérait sans l'accepter — naîtra le grand poème satirique *Il giorno.* La publication des deux premières parties, *Il mattino* (1762) et *Il mezzogiorno* (1763), lui assure le succès du public et la bienveillance du comte Firmian, gouverneur de la Lombardie. Toutefois un emploi public ne lui sera accordé qu'en 1769, quand il est nommé professeur d'éloquence à l'Ecole palatine. Pendant les dernières années de l'Ancien Régime, il se replie de plus en plus sur son cercle d'amis. Malgré sa renommée, sans doute usurpée, de « jacobin », il suit sans enthousiasme la campagne napoléonienne en Italie. Son ode *Sur la mode « à la guillotine »* (*Sul vestire alla ghigliottina,* 1795) dénonce la férocité de la Révolution. Il célèbre le retour des Habsbourg par un sonnet. Le jour même de sa mort (15 août 1799), il explique à ses amis le pragmatisme de son attitude politique.

Ses qualités son ailleurs. Bien qu'inachevé et sans cesse remis sur le métier, *Le jour* propose une série de tableaux fort efficaces. Certes, l'ensemble n'est pas bien charpenté. Mais l'ironie de Parini atteint nombre de cibles : la fatuité du milieu aristocratique, son mépris affiché pour les petites gens, le relâchement des mœurs, sa culture (ou son inculture) : une mode « philosophique » superficielle, une gallomanie ridicule. Sa poésie sait faire partager des émotions profondes et propose aussi d'admirables descriptions du cadre de la vie aristocratique. Parini a abordé les sujets les plus variés. Bien de ses premières odes se situent dans la mouvance *illuminista* : *La salubrità dell'aria* (1759) est un plaidoyer écologiste avant la lettre ; *La musica* (1762) s'insurge contre la pratique de la castration ; *L'inoculation de la variole* (*L'innesto del vaiolo,* 1765) est un hymne au progrès médical. La deuxième époque, inaugurée par *La recita dei versi* (1783), comporte des réussites incontestables : *La caduta* (1785), autoportrait du poète, *Il pericolo* (1787), *Alla Musa* (1795), sans doute son chef-d'œuvre.

Vittorio Alfieri (1749-1803) et la tragédie. — Tourmenté, habité par un esprit de révolte aux contours imprécis, témoin de la sensibilité « préromantique », Alfieri annonce la crise de la culture *illuminista*. Né à Asti, ce noble Piémontais est envoyé à l'Académie militaire de Turin. Il en sortira en 1766 avec le grade de porte-enseigne. Mais sa vocation n'est pas la carrière des armes. Le roi de Piémont-Sardaigne étant « le plus imperceptible des monarques », c'est en Europe qu'Alfieri cherche, de 1767 à 1772, un espace à la mesure de son inquiétude et de son *spleen*. Aucun Etat européen (à l'exception de l'Angleterre) ne trouve grâce à ses yeux. A Vienne il évite Métastase, qu'il voit faire la révérence d'usage à Marie-Thérèse. Seuls les paysages naturels l'apaisent.

Sa première tragédie, *Antonio e Cleopatra* (1775), reflète sa propre condition : tombé dans les rets d'une passion amoureuse, Alfieri aspire à réaliser de grands desseins. Il s'adonne à l'étude des classiques grecs, latins, italiens. L'apprentissage du toscan est un dur combat : Alfieri, comme tous les nobles Piémontais, est accoutumé au français. Pour s'italianiser davantage, il s'installe en Toscane et rompt avec le Piémont. En 1777 il rencontre à Florence la comtesse Louise d'Albany, femme de Charles Edward Stuart. Ce « digne amour » va désormais gouverner sa vie. En 1786 il s'installe à Paris : Didot publie, en 1789, l'édition parisienne de ses tragédies. Spectateur d'abord enthousiaste de la Révolution française, puis farouchement hostile à la tournure qu'elle prend, Alfieri s'enfuit en 1792. Il retourne à Florence, où il compose quelques œuvres mineures. Il y meurt en 1803, de plus en plus détaché d'une « Histoire » dont le cours et le sens lui échappent.

Les œuvres politiques. — Composées pendant la seconde période de sa vie, *Della tirannide* (1777) et *Del principe e delle lettere* (1778-1786) illustrent la bipolarisation à laquelle Alfieri ramène la politique. Au « tyran » — hypostase a-historique qu'Alfieri identifie au monarque — s'oppose le « héros » luttant pour la liberté et refusant toute forme de gouvernement imposé. Que cette lutte se solde par une sublime défaite n'a guère d'importance : Alfieri s'en tient à cet élan abstrait. L'échec du geste révolutionnaire (suicide ou tyrannicide) flatte son pessimisme : c'est là, d'ailleurs, le noyau de son univers tragique. Le peuple, les projets de réformes ne l'intéressent guère ; il ne cache pas son mépris pour la bourgeoisie, le commerce (« l'obèse impudente sale idole ») ; il exalte les artistes qui ont préservé leur indépendance. L'unité de l'Italie s'inscrit, pour Alfieri, dans cet horizon que domine le mythe du poète-prophète. Ses *Satire* (1786-1783), ses odes politiques, son pamphlet *L'antifrançais* (*Il misogallo,* 1793-1798) marquent une involution. Son nationalisme se fonde sur la haine de la Révolution : sa conscience nationale se définit par le rejet de l'hégémonie française.

Les tragédies. — Cet élan « romantique », Alfieri l'enferme dans une forme classique et aristocratique. La tragédie lui apparaît comme la seule forme en accord avec son inspiration, sa lutte contre l'histoire. Il suit strictement les préceptes d'Aristote, élimine les chœurs, réduit le nombre des personnages, simplifie l'intrigue, utilise un hendécasyllabe brisé, puise ses sujets dans l'histoire. Le « tyran » domine ses premières tragédies. La cour de *Filippo II* (1775-1776, remaniée plus tard) est le symbole de la tyrannie absolue, politique et affective, menant à la catastrophe. La liberté n'est qu'utopie, ou choix délibéré de la mort, comme dans *Antigone* (1776-1777). Les « tragédies de la liberté » illustrent ce drame, de plus en plus intériorisé. Dans *Virginia* (1777-1778), le héros rejoint le tyran dans la même solitude (le peuple romain ne joue aucun rôle politique). Dans *Oreste* (1776-1778), une seule passion possède le fils d'Agamnenon : venger son père, avant de connaître à son tour la mort. Le chef-d'œuvre d'Alfieri est sans doute *Saul* (1782) : tiraillé entre ses pulsions tyranniques et son désir d'y échapper, le roi choisit le suicide comme une délivrance. La grandeur de *Mirra* (1784-1787) tient à d'analogues raisons : la fille du roi de Chypre est dévorée par une immense, inavouable passion : la révélation ne peut mener qu'à la mort. Objet d'une lecture « politique », les tragédies d'Alfieri ont connu pendant le *Risorgimento* un succès considérable, malgré leurs défauts (paroxysme de l'action, caractère figé des personnages, etc.). Mais Alfieri n'a pas réussi à donner à l'Italie le théâtre national dont il rêvait.

L'autobiographie. — Commencée à Paris en 1790, poursuivie à Florence, romanesque et romantique à souhait — certaines descriptions de paysages sont justement célèbres —, *Ma vie (Vita di Vittorio Alfieri da Asti scritta da Esso)* est un classique du genre. Guère de points communs avec *Histoire de ma vie,* rédigée en français, à la même époque, par Giacomo Casanova (1725-1798). Alfieri veut avant tout expliquer la naissance de sa vocation tragique. Rien ne semblait l'y destiner sinon sa passion pour la beauté sous toutes ses formes. La volonté de démontrer, de convaincre, s'allie à un humour certain. Le moraliste fait souvent mouche : « J'écoute même les plus sots discours : on y apprend tout ce qui est tu. » Son journal en vers — *Rime* (1789) — n'a pas la même envergure.

Historiens, essayistes. — *Rerum Italicarum Scriptores* (1723-1738), monumental recueil de sources du Ve au XVe siècle, et *Antiquitates Italicae Medii Aevi* (1738-1742) de Ludovico Antonio Muratori (1672-1750) jettent les bases de l'historiographie moderne sur le Moyen Age. Grand voyageur, Francesco Algarotti (1712-1764) publie, entre autres, un dialogue de vulgarisation scientifique, *Newtonianismo per le dame* (1737) ; dans ses *Lettere virgiliane* (1757) le jésuite Saverio Bettinelli (1718-1808) conteste le culte aveugle du passé. Brillant polémiste, le Turinois Giuseppe Baretti (1719-1789) fait paraître de 1763 à 1765 l'un des plus mordants journaux de l'époque, *La frusta letteraria* ; ses coups de fouet visent aussi bien les Arcades que les rédacteurs du *Caffé.* Dans *Discours sur Shakespeare et sur monsieur de Voltaire* (1777), il défend avec fougue le dramaturge anglais. Gasparo

Gozzi (1713-1786) dirige de 1760 à 1762 deux périodiques importants : *La Gazzetta veneta, L'osservatore veneto.* Le jésuite Girolamo Tiraboschi (1731-1794) publie la première *Storia della letteratura italiana* (1787-1794); mais l'Italie n'est qu'une réalité géographique, le récit de Tiraboschi commençant par les Etrusques.

IV. — Néo-classicisme, préromantisme. L'époque napoléonienne

Préromantisme et néo-classicisme sont deux formes complémentaires de dépassement de l'*illuminismo.* Le préromantisme est tributaire de l'anglomanie et de la poésie sépulcrale : les œuvres de Young, de Gray font l'objet de nombreuses traductions en vers et en prose. Les *Ossian poems* (1760-1765) sont traduits par Melchiorre Cesarotti (1730-1808), à qui l'on doit aussi un *Saggio sulla filosofia delle lingua* (1785) : *Canti di Ossian* (1763-1773) constitue un précieux répertoire pour les poètes de cette génération. Lié aux fouilles d'Herculanum (1738-1765), mais surtout à l'activité de l'archéologue allemand Winckelmann — auteur de la célèbre *Histoire de l'art de l'Antiquité* (1764) —, le néo-classicisme rejoint, au plan littéraire, le purisme linguistique dont Antonio Cesari (1760-1828) est l'ardent défenseur. Le désenchantement provoqué par la Révolution française, l'effondrement, en 1799, des éphémères républiques italiennes, la domination napoléonienne favorisent d'ailleurs ces évasions. Il reste que les frontières entre *illuminismo,* préromantisme et néo-classicisme sont des plus mouvantes (il faudra attendre 1816 pour que le romantisme s'affirme en tant que mouvement). Ippolito Pindemonte (1753-1828) en témoigne : sa traduction de l'*Odyssée* (1805-1819) relève du néo-classicisme le plus pur; ses *Prose e poesie campestri* (1784-1788) allient néo-classicisme et inspiration préromantique.

Vincenzo Monti (1754-1828). — Les romantiques ont été fort sévères à l'égard de Monti, considéré de son vivant comme le plus grand poète italien. On a reproché à ce « secrétaire de l'opinion dominante » (F. De Sanctis) son éclectisme, ses palinodies. Incontestablement, Monti a été sensible à l'air du temps, de quelque côté que soufflât le vent de l'histoire. Originaire de Romagne, il s'installe en 1778 à Rome, capitale du néo-classicisme. Son ode *Prosopopea di Pericle* (1779) est la manifeste officieux du néo-classicisme, mais ses *Pensieri d'amore* (1783) sont préromantiques et werthériens. Le poème *Bassvilliana* (1793) déborde de zèle contre-révolutionnaire. En 1797 Monti quitte Rome pour Milan : s'étant converti aux idéaux révolutionnaires, il rend gloire par son *Prometeo* à Napoléon, nouveau titan terrassant les tyrans. La chute de la République cisalpine l'oblige à s'exiler à Paris ; il y publie le poème *Mascheroniana* (1800), appelant le retour à l'ordre. La chanson *Per la liberazione dell'Italia* (1801) salue la victoire de Marengo. Napoléon lui attribue une chaire d'éloquence à l'Université de Pavie ; il deviendra l'historiographe du royaume d'Italie. Son ardeur à célébrer les campagnes napoléoniennes n'a d'égal que son empressement à saluer le retour des Autrichiens : *Mistico omaggio* (1815), *Ritorno d'Astrea* (1815). Le chef-d'œuvre de Monti (« poète de l'oreille et de l'imagination, en aucune manière poète du cœur », écrira Leopardi) est sa traduction de l'*Iliade* (1810-1811, éd. déf., 1825). Ses écrits sur la question de la langue s'inscrivent dans la lignée du purisme. Sa méditation de la mort, dans *Le jour de la fête de ma femme* (*Nel giorno onomastico della mia donna,* 1826), le rapproche en revanche de la sensibilité préromantique.

Ugo Foscolo (1778-1827). — L'existence de Foscolo est placée sous le signe de l'exil et de l'errance. Né de mère grecque dans l'île de Zante, Foscolo fait son éducation littéraire à Venise, où il s'installe en 1792. Il tombe amoureux d'Isabella Teotochi, écrit sa première tragédie, *Tieste* (1797), fortement influencée par Alfieri, les odes *A Bonaparte liberatore, Ai nuovi repubblicani.* Il s'enfuit à Bologne, puis, lorsque Bonaparte livre la Sérénissime aux Autrichiens, à Milan. Patriote désemparé, Foscolo rédige *Le ultime lettere di Jacopo Ortis.* Officier de la République cisalpine, ensuite de l'armée napoléonienne, il se bat, aime, écrit. En 1804 il rejoint en Picardie les troupes qui préparent l'invasion de l'Angleterre. En 1806 il est de retour à Milan, où il compose son chef-d'œuvre, *Les Tombeaux* (*I Sepolcri,* 1807). En 1808 il tient sa leçon inaugurale à l'Université de Pavie. Mais ses charges officielles lui sont retirées après la représentation de sa deuxième tragédie (*Aiace,* 1811), qui vise l'empereur. En 1812 il s'installe à Florence. Refusant de faire allégeance aux Autrichiens, il quitte en 1815 l'Italie et gagne l'Angleterre. Ces années d'exil (1816-1827) lui imposent une vie précaire. Payé chichement à la copie, Foscolo mourra dans la misère sans avoir pu achever le poème *Les Grâces (Le Grazie),* commencé à Florence. Mais il rédige de fortes études sur la littérature italienne ancienne et contemporaine. Epris de liberté mais toujours soumis à ses passions, Foscolo est un modèle pour les générations du *Risorgimento.* Proche d'Alfieri par son tempérament, il plonge courageusement dans l'histoire de son temps.

« Les dernières lettres de Jacopo Ortis » (1802). — Commencé en 1797 (un premier projet, en 1796 s'appelait *Laure : lettres*), publié l'année suivante à Bologne (édition clandestine), ce roman épistolaire paraît enfin en 1802 à Milan. Désespéré par la ruine de sa patrie, Jacopo s'isole au milieu des collines, près de

Padoue. Il s'éprend de Teresa, promise au riche Odoardo. Traqué par la police autrichienne, Jacopo sillonne l'Italie. Teresa entre-temps épouse Odoardo. Ce double échec pousse Jacopo au suicide. L'originalité de ce livre par rapport à ses sources (les romans épistolaires français du XVIIIe siècle, le *Werther* de Goethe) tient à la fusion des éléments politiques et affectifs. Par son alternance (pré)romantique d'élans et de désespoirs, par son culte des paysages lugubres, par sa religion de l'exil et de la mort, ce roman nous donne un portrait fort réussi de Foscolo, tiraillé entre son matérialiste et son respect d'un Dieu inconnu, entre la raison et la passion. *Notizia intorno a Didimo Chierico* — que Foscolo commence à écrire en France — nous donne un autoportrait bien différent, ironique : Didimo Chierico est un vieux sage qui promène sur le monde un regard désenchanté.

Les poèmes. « Les Tombeaux ». « Les Grâces ». — Les douze sonnets que Foscolo a composés de 1798 à 1803 traitent, eux aussi, une thématique amoureuse et patriotique. Le poète atteint à une contemplation très pure de ses grands mythes : la mort, l'exil. Ses deux odes — *A Luigia Pallavicini caduta da cavallo* (1800), *All'amica risanata* (1803), dédiée à Antonietta Arese — célèbrent les seules réalités capables de résister au temps : la beauté, la poésie. *Les Tombeaux* sont l'œuvre de la maturité artistique. Conçu d'abord comme une épître en vers adressée à Pindemonte, avec qui Foscolo s'était entretenu de ce sujet (l'édit de Saint-Cloud, en 1804, avait interdit les inhumations à l'intérieur des villes), ce poème de 295 vers illustre la signification des tombeaux : gardiens de la mémoire, ils perpétuent, grâce à la médiation de la poésie, l'exemple des grands hommes. Cette réflexion sur la société, la mort et la poésie relève du « pessimisme actif » du poète. Le climat change considérablement avec *Les Grâces.* Déçu, Foscolo ne cache pas sa méfiance à l'égard de l'action et de l'histoire. Le culte de la Grèce antique, de la poésie, de la musique, de la danse lui apparaît comme un refuge. Les « illusions » du mythe sont chargées d'oblitérer une réalité décevante. Le néo-classicisme est ici le masque du désenchantement. Les fragments de ce poème — qu'annonçait, en 1803, la traduction de la *Chevelure de Bérénice,* de Callimaque — s'articulent autour de trois hymnes : les Grâces poursuivront sur terre leur œuvre de civilisation.

L'historiographie à l'époque napoléonienne. — La chute de la République parthénopéenne, en 1799, pousse à l'exile de nombreux jeunes intellectuels. Souvent formés à l'école de Vico, ils font connaître sa pensée en Italie du Nord, notamment à Milan, influençant fortement l'historiographie romantique. Dans son *Saggio storico sulla rivoluzione napoletana del 1799* (1801), Vincenzo Cuoco (1770-1823) analyse sans complaisance l'échec de cette « révolution passive », imposée par les armées françaises. *La storia del Reame di Napoli dal 1734 al 1825* de Pietro Colletta (1775-1831) n'a pas la même rigueur conceptuelle. L'historien piémontais Carlo Botta (1766-1837) est résolument hostile à la domination napoléonienne.

V. — Romantisme et « Risorgimento »

Le Congrès de Vienne (1815) réaffirme l'hégémonie autrichienne dans la péninsule : l'Italie n'est plus qu'une « expression géographique ». *Risorgimento* (combat pour la « renaissance » de l'Italie) et romantisme se confondent : « romantique » est, en Italie, synonyme de « libéral » et de « patriote ». L'engagement politique de l'écrivain, l'aspiration à la liberté, le mythe de la nation (comportant une relecture de l'histoire ancienne et d'un « Moyen Age » que le XIXe siècle découvre ou invente) constituent la toile de fond du romantisme italien, qui sera *civile* (patriotique) et

« raisonnable », car il se doit de gagner à sa cause les classes moyennes. Le romantisme noir, le titanisme angoissé ne sont pas pour autant absents dans la péninsule.

Les manifestes du romantisme italien. — Le débat sur le romantisme nous ramène à Milan. Le 1er janvier 1816 paraît la *Biblioteca italiana,* un périodique par lequel les autorités autrichiennes voulaient s'attacher la jeunesse intellectuelle. Dans ce premier numéro Pietro Giordani publie la traduction d'un article de Mme de Staël, *De l'esprit des traductions,* qui met le feu aux poudres. En suggérant aux Italiens de traduire les œuvres étrangères, Mme de Staël dénonçait implicitement leur classicisme provincial. Les autres périodiques progouvernementaux réagissent (classicisme et immobilisme politique allant de pair). Giordani rappelle que la tradition italienne est fort différente des traditions nordiques. La polémique se généralise entre les tenants du classicisme, gardiens du « beau », et les « romantiques », partisans d'une littérature nouvelle tournée vers l' « utile » et le « vrai ». Les uns et les autres se drapent dans une « italianité » que chacun définit à sa guise, et se réclament des grands classiques, d'Homère à Dante.

Le premier manifeste du romantisme italien, *Intorno all'ingiustizia di alcuni giudizi letterari italiani* de Ludovico Di Breme (1780-1820), paraît en mai 1816 : il affirme qu'une littérature de progrès ne met pas en cause l'héritage du passé. La *Lettera semiseria di Grisostomo al suo figliolo* (1816) de Giovanni Berchet (1783-1851) préconise une littérature nationale et non élitiste, affranchie des règles. Les jeunes romantiques fondent à Milan le *Conciliatore* (1818-1819), périodique culturel financé par le comte Porro Lamborghini. Di Breme, Pellico, Borsieri, Berchet et bien d'autres y collaborent. Ermes Visconti y publie ses *Idee elementari sulla nuova letteratura.* Il faut y ajouter deux lettres de Manzoni : *Lettre à M. Chauvet sur les unités de temps et de lieu dans la tragédie* (1820), rédigée en français, conteste les règles classiques ; *Sul Romanticismo* (1823) dénonce le recours à la mythologie et le principe de l'imitation. Dès le début des années vingt la bataille romantique est gagnée. Le *Sermone sulla mitologia* (1825) de Monti est un combat d'arrière-garde.

Alessandro Manzoni (1785-1873). — Premier romancier de l'Italie moderne, le Milanais Manzoni est un romantique qui ne désavoue pas sa formation *illuminista* (il était le petit-fils de Cesare Beccaria). Son adolescence est marquée par une éducation anticléricale, par la fréquentation des grands écrivains et des patriotes napolitains en exil à Milan. En 1805 il rejoint sa mère à Paris : séparée de son mari, elle vivait alors avec Carlo Imbonati, qui allait mourir cette même année. Manzoni compose à cette occasion une ode assez originale, *In morte di Carlo Imbonati.* Les années parisiennes (1805-1810) sont décisives pour sa formation. Il fréquente le salon de Sophie Condorcet, à Meulan, où il rencontre Claude Fauriel, les idéologues Tracy, Cabanis, Garat, Volnet. Il s'approche ainsi de l'historiographie romantique et de la culture des Lumières. L'étude des grands moralistes (Pascal, Nicole, Bossuet, Massillon, Bourdaloue) et des classiques français, élargit son champ de réflexion. En 1810, suivant l'exemple de sa femme, Henriette Blondel, Manzoni se convertit au catholicisme. Teinté de jansénisme — ses directeurs spirituels ont été Degola à Paris et Tosi en Italie —, son catholicisme n'est rien moins que fidéiste : Manzoni refuse l'opposition entre science et foi. En politique, il professe des idées libérales et démocratiques.

En 1810 il retourne à Milan. A l'exception d'un séjour à Paris en 1819-1820 et de quelques voyages à Florence, en 1827 et en 1856, il ne quittera plus guère la capitale lombarde ou sa villa de Brusuglio. Il participe aux batailles romantiques, compose ses *Inni sacri* (1812-1815), des essais, dont *Osservazioni sulla morale cattolica* (1819) — réponse à *Histoire des républiques italiennes au Moyen Age* (1818) du Genevois Sismondi qui rendait le catholicisme responsable de la décadence italienne —, ses tragédies, ses odes politiques. *Fermo e Lucia* (1821-1823) est la première ébauche des *Fiancés (I promessi sposi),* qui paraît en 1825-1827. En 1826 il noue des contacts féconds avec le philosophe Antonio Rosmini. Après 1827, Manzoni abandonne la création littéraire pour se consacrer à des essais historiques et linguistiques. Il publie une édition revue des *Fiancés* (1840-1842). Les honneurs et la célébrité, nationale et internationale, adoucissent les nombreux deuils familiaux. En 1861 il est nommé sénateur du royaume. En 1870, il accepte la citoyenneté romaine, gage de son adhésion à la politique nationale.

Les poèmes et les tragédies. — Son poème mythologique *Urania* (1809) est un dernier hommage à la poésie néo-classique. Ses *Hymnes sacrés* (les premiers sont composés en 1812-1815, *La Pentecôte* date des années 1817-1822) révèlent l'ardeur du néophyte. Mais l'histoire humaine, les modalités d'intervention de la Providence demeurent des énigmes. Les odes politiques, écrites en 1821 — *Marzo 1821, Cinque maggio* —, le confirment. Rédigée en quelques jours après la mort de Napoléon, traduite par Goethe, portée au nues par Stendhal, *Le cinq mai* lui assure la célébrité.

La préface au *Conte di Carmagnola* (1820) — comme plus tard la *Lettre à Monsieur Chauvet* — précise que le théâtre romantique tend à cerner, en dehors des règles classiques, la « vérité historique ». Grâce à la poésie, l'auteur pourra dégager, au-delà des événements, la vérité morale de l'histoire. Le comte de Carmagnola, *condottiere* du XVe siècle, passé du service de Milan à celui de Venise, condamné à mort pour trahison, est un héros généreux auquel s'oppose la perversité (présumée) du Sénat vénitien. Le chœur de la tragédie permet à l'auteur de dialoguer avec le spectateur. *Adelghis* (1822) a pour cadre la guerre menée par Charlemagne contre le royaume du roi lombard Didier (la tragédie était accompagnée d'une étude historique sur les Lombards). Fidèle à Didier, son père, mais conscient de servir une cause injuste, Adelghis montre que dans un monde où triomphe la violence seule la mort permet d'échapper à l'injustice, subie ou commise. Gœthe voyait dans ces deux tragédies et dans la *Lettre à Monsieur Chauvet* « la naissance d'une nouvelle école dramatique ». C'est pourtant par le roman que Manzoni poursuit sa réflexion sur l'histoire humaine.

« Les Fiancés ». — Le sous-titre, *Chronique milanaise du XVIIe siècle,* indique que ce roman-essai veut s'en tenir aux faits, l'art de l'auteur ne visant qu'à mettre au jour la vérité psychologique des personnages. La genèse des *Fiancés* remonte à 1821 : Manzoni compulse des chroniques et des ouvrages portant sur Milan au XVIIe siècle, lit (dans sa traduction française) *Ivanhoe* de Walter Scott. Le succès des *Fiancés* est immédiat : plus de quarante éditions, pour la plupart clandestines, se succèdent en quelques années, avant la publication de l'édition définitive.

Les trente-huit chapitres du roman relatent les vicissitudes, couvrant les années 1628-1630, de Lucia Mondella et de Renzo Tramaglino : empêché par un hobereau, le mariage de ces deux jeunes paysans lombards pourra enfin avoir lieu. A l'arrière-plan, la guerre opposant les Impériaux et la maison de Savoie aux Français et leurs alliés. En septembre 1629 une forte armée impériale franchit les Alpes : la guerre, la famine et la peste vont ravager le pays. Manzoni présente son roman comme la mise en forme d'un manuscrit anonyme du XVIIe siècle : un siècle d'injustice, que l'auteur juge sévèrement (la Lombardie sous domination espagnole renvoie d'ailleurs à la Lombardie autrichienne du XIXe siècle). D'où un rapport dialectique entre l'auteur et le chroniqueur fictif, et un dialogue constant entre auteur et lecteur. L'intrigue, riche en rebondissements, ménage habilement des rapports spéculaires : aussi le couvent et le château (lieux chers au romantisme noir), dans lesquels Lucia est successivement enfermée, ont une fonction inverse à leur apparence : le couvent de Gertrude, la religieuse dépravée qui livre Lucia, est une prison ; le château de l'« Innominato », le puissant hors-la-loi, de prison devient chemin de liberté, car l'« Innominato » se convertit, après une nuit « pascalienne ». Les héros de ce premier grand roman populaire de la littérature italienne ne sont pas les grands de ce monde mais des laissés-pour-compte de l'histoire. « Roman de la Providence » pour les uns, « apologie du péché originel » pour d'autres, *Les Fiancés* explore le mystère du mal, le drame de la liberté humaine. Car le mal et l'injustice ne tiennent pas qu'aux institutions : ils jaillissent du cœur de l'homme. Le registre stylistique est des plus étendus : l'ironie, l'humour se conjuguent avec l'art des portraits (certains sont devenus légendaires : Don Abbondio, le curé craintif, Don Ferrante, l'intellectuel perdu dans sa bibliothèque) ; les fresques historiques alternent avec de somptueuses descriptions des paysages. Par son message, par son choix linguistique (une langue toscanisée, accessible à un large public), *Les Fiancés* fonde un nouveau roman historique.

Les essais. — Mais le roman lui-même, comme auparavant la tragédie, apparaît à Manzoni comme un compromis précaire entre l'invention et l'histoire. D'où la condamnation formulée dans *Del romanzo e in genere de' componimenti misti* (1845). *Dell'invenzione* (1840) applique à l'esthétique les thèses de Rosmini : la vérité idéale sur laquelle l'artiste se fonde se trouve en Dieu. La tentation de l'histoire pure l'emporte. Manzoni remanie *Storia della colonna infame* (publiée en 1842, à la suite du roman), saisissante reconstruction des injustices perpétrées par les autorités milanaises lors de la peste de 1630. *La rivoluzione francese* *del 1789* (posth., 1889), que Manzoni compare à la révolution italienne de 1859, relève de l'historiographie libérale. Manzoni consacre de nombreux écrits à la « question de la langue » : parmi les derniers, citons *Lettera al marchese Casanova* (1871).

Giacomo Leopardi (1798-1837). — Isolé, refusant tout engagement politique, proche des grands romantiques européens, Leopardi, « poète de la douleur cosmique », présente un autre visage du romantisme italien, complémentaire à celui de Manzoni. Confiné dans Recanati, sa ville natale, Leopardi s'enferme dans la bibliothèque paternelle. Latiniste, helléniste, érudit précoce, il écrit à quinze ans une *Storia dell'astronomia,* à dix-sept un *Saggio sopra gli errori popolari degli antichi.* Ses essais politiques révèlent une opposition sans faille à la Révolution de 1789. Dans les années 1815-1819 se situent, selon Leopardi, ses deux « conversions » : « de l'érudition au beau » (de la philologie à la poésie), « du beau au vrai » (d'une poésie d'imagination à une poésie sentimentale ou philosophique). Il cherche, sans succès, à quitter Recanati. Il suit les batailles romantiques : il se déclare partisan de la poésie naturelle (mais sa lettre, de juillet 1816, n'est pas publiée par la *Biblioteca Italiana*) ; il combat les théories de Di Breme sur la poésie moderne (mais son *Discorso di un Italiano intorno alla poesia romantica* ne sera publié qu'en 1906). Une maladie des yeux le plonge, en 1819, dans la mélancolie. Son séjour à Rome (1822-1823) est décevant. Il revient à Recanati, où il rédige les *Operette morali.* En 1827 il se rend à Florence, où il rencontre Manzoni. 1828 marque un double retour : à la poésie, mais aussi à Recanati, pour « seize mois de nuit horrible ». Il y compose néanmoins les plus beaux de ses poèmes. En 1830 il quitte définitivement Recanati, pour s'installer à Florence, grâce à la discrète générosité de ses amis, puis en 1833 et jusqu'à sa mort, à Naples, en compagnie d'Antonio Ranieri.

Sa philososophie et ses théories littéraires. — Leopardi songeait à appeler *Histoire d'une âme* le roman autobiographique qu'il eût aimé écrire. Mais son cheminement intellectuel, hérissé de contradictions, se dégage du *Zibaldone,* le monumental journal de bord (plus de 4 500 p.) où il a consigné, de 1817 à 1832, ses idées et ses projets. La « philosophie » de Leopardi est un *pensiero poetante* (A. Prete) : procédant par oppositions et négations, elle se formule dans et par la poésie. Leopardi oscille entre deux pôles : le sensualisme, hérité de la philosophie des Lumières, et un platonisme gnostique. D'où le regret constant d'un Dieu rejeté et invoqué à la fois (parmi ses projets on trouve des *Inni cristiani* tout comme le poème satanique *Ad Arimane*). Leopardi oppose d'abord à la « nature » (qui a créé les hommes heureux) la « raison » (qui engendre le malheur des hommes, car elle détruit les « illusions » poétiques, dont la religion). Dès 1824 il dépasse cette étape. Dans son cycle de renouvellement, la nature dévore ses propres enfants : les hommes doivent s'allier pour lui résister. Dépouillé de ses illusions, l'homme regrette la disparition des valeurs, fussent-elles éphémères : la beauté, l'amour, la poésie. Au bonheur précaire des êtres primitifs et des enfants, gouvernés par l'imagination, à l'existence fade des gens médiocres, les « hommes sensibles et de génie » opposent leur solitude désespérée. La notion de progrès social est fermement récusée par Leopardi. De toute évidence ces réflexions n'étaient pas faites pour galvaniser les foules à l'époque *risorgimentale.*

Ses théories littéraires se situent à mi-chemin d'un classicisme jamais désavoué — la nature est la source privilégiée d'inspiration; l'imitation est une récréation personnelle — et d'un romantisme dont Leopardi reprend certaines affirmations (c'est la poésie sentimentale, fondée sur la raison, qui caractérise l'époque moderne). Mais le principe de l'imitation sera contesté quelques années plus tard. Et Leopardi élimine du romantisme toute dimension politique et religieuse.

« Les Chants ». — Publiés à Florence en 1831 puis en 1836 à Naples, enfin dans l'édition posthume de 1845, *Les Chants (Canti)* rassemblent 41 poèmes, fort différents aux plans formel et thématique, composés de 1817 à 1836. Les chansons *civili* (1818-1823) se nourrissent d'un élan rhétorique démarqué de tout programme. Le suicide apparaît bientôt *(Bruto minore)* comme la seule issue pour le héros se révoltant contre sa destinée : solution qu'avançait, sur un registre amoureux, *L'ultimo canto di Saffo.* Les « petites idylles » (« idylle » désignant l'expression d'émotions intérieures) datent de ces mêmes années 1818-1820. Ces courts poèmes (dont le célèbre *L'infini*) illustrent deux thèmes majeurs : l'aspiration à l'infini et le souvenir permettent de retrouver, grâce à un lexique « poeticissimo », imprécis et évocateur, l'émotion de la poésie d'imagination. Le paysage naturel y est représenté avec une pureté extraordinaire.

La poésie renaît en avril 1828 à Pise, avec *La résurrection (Il risorgimento)* et *A Silvia,* superbe travail de la mémoire restituant l'image d'une jeune fille promise à la mort. S'ouvre ainsi la saison des « grandes idylles » : elle s'achève par *Canto notturno di un pastore errante nell'Asia* (1828-1829), où le berger symbolise l'homme en marche vers la mort. La méditation philosophique se revêt d'une musicalité extrême. Les cinq poèmes du cycle d'Aspasia (1833-1835) — reflet de l'amour de Leopardi pour Fanny Targioni Tozzetti — ont recours à un langage plus énergique, à une sorte de pétrarquisme métaphysique, pour démasquer l'imposture de la passion. Le déclin des illusions caractérise les poèmes composés à Naples (1835-1836) : le mystère de la mort demeure la raison d'être de la poésie. Dans *Palinodia al Marchese Gino Capponi,* Leopardi raille le spiritualisme et l'optimiste de ses amis florentins, le mythe du progrès. Cette polémique est amplifiée dans un long poème à l'ironie cinglante, *I Paralipomeni,* que Leopardi publie en 1835, en marge des *Chants.* Les animaux se livrent une guerre sans merci : image grotesque de l'homme, destiné, comme eux, à peupler l'île des morts. *Il tramonto della luna* revient au paysage naturel, à la jeunesse qui s'estompe. Mais le dernier message des *Chants* c'est *La ginestra* qui le livre. Au Vésuve, le volcan exterminateur, le poète ne peut opposer que le genêt, symbole de la fragilité de l'homme, mais aussi de sa volonté de ne pas plier.

« Les Operette morali » (1827). « Pensieri ». — La rédation des *Operette morali* commence en 1824. Récits, dialogues, canevas d'un roman à venir alternent aussi librement que les personnages — mythiques, historiques, imaginaires — et les sujets : l'origine de l'homme *(Storia del genere umano),* les mœurs de l'Amérique, la mode, les animaux. Au-delà de sa savante trame stylistique, ce libelle illustre, le plus souvent sur le registre ironique, les facettes du pessimisme léopardien : l'hostilité de la nature, l' « universelle misère de la condition humaine », l'aspiration contrariée au bonheur. Le *Dialogo di Tristano e un amico,* ajouté à l'édition de 1834, a pour cible les idéologies et les fausses certitudes scientifiques. L'œuvre posthume *Pensieri* — 111 pensées rassemblées par Antonio Ranieri — était l'ébauche d'un recueil que Leopardi annonçait dans une lettre du 2 mars 1837. Le prosateur y trouve des formulations heureuses et concises, mieux que dans le *Zibaldone,* voire que dans les *Operette morali.* Ce bréviaire de pessimisme et de passions déçues est le contrepoint des *Chants.*

Grand créateur doublé d'un théoricien de la langue, Leopardi s'imposera, au XXe siècle, comme le phare de la *prosa d'arte* et de la poésie hermétique. Son écriture du souvenir a des résonances « abyssales », car elle met « en abîme », en la renouvelant, la tradition poétique italienne, de Dante et Pétrarque aux modernes.

Romantisme et littérature politique. — L'orientation *civile* et *risorgimentale* du romantisme italien est à l'origine d'une abondante littérature politique. Cesare Balbo (1789-1853) expose ses thèse néo-guelfes et propiémontaises dans *Speranze d'Italia* (1843). Dans *Primato morale e civile degli italiani* (1843) et *Rinnovamento civile d'Italia* (1851), Vincenzo Gioberti (1801-1861) soutient que le catholicisme assure la cohésion de la nation italienne, l'unification ne pouvant être réalisée que par le Piémont. Carlo Cattaneo (1801-1869), fondateur de la revue *Politecnico* (1839-1844 ; 1860-1863), rédige à Paris *L'insurrezione di Milano* (1848). Il rêve d'une fédération de peuples dans le cadre de l'Empire austro-hongrois, en vue d'une fédération des régions italiennes, puis des Etats-Unis d'Europe. On connaît le succès de ces généreuses utopies.

Le patriote piémontais Silvio Pellico (1789-1854), dramaturge de renom — sa *Francesca da Rimini* (1815) est traduite en anglais par Byron —, n'est pas un théoricien. Arrêté à Milan en 1819 par la police autrichienne, il est condamné à mort, puis enfermé dans la prison du Spielberg : il n'en sortira qu'en 1830. *Le mie prigioni* (1832) fait vite le tour de l'Europe. Ce livre n'a pourtant rien d'un brûlot politique : « comme un amant mécontent de sa belle et qui sait bouder avec dignité — écrit Pellico —, je laisse la politique où elle est, et je parle d'autre chose ». Il parle de sa foi chrétienne, reconquise de haute lutte, du difficile apprentissage du pardon, d'une italianité qui se démarque du nationalisme. De ce fait, il sera attaqué par ses anciens compagnons (qui ne lui pardonnent pas sa conversion) et par les bigots (qui se défient de ce nouveau venu) : chef-d'œuvre autobiographique, *Mes prisons* fait preuve d'un salutaire anticonformisme. Patriote ardent, le Dalmate Niccolò Tommaseo (1802-1874) aborde avec une inquiétude toute moderne les différents aspects de la culture romantique. On lui doit des dictionnaires, encore utilisés de nos jours, des traductions de chants populaires de différents pays, des romans historiques (*Duca d'Atene,* 1837), des traités. Son roman *Fede e bellezza* (1840, puis 1852) met au jour cette opposition constante entre sensualité et foi religieuse qui caractérise sa psychologie et qui annonce le décadentisme.

Le roman historique. — L'histoire italienne, du Moyen Age à la Renaissance, apparaît comme le réservoir dans lequel puiser, avec autant de liberté que d'anachronisme, des exemples de lutte pour la liberté. Auteur d'un imposant poème héroïque, *I Lombardi alla prima crociata* (1826), Tommaso Grossi (1790-1853) publie en 1831-1834 *Marco Visconti,* un roman historique qui évoque, dans le sillage des *Fiancés,* la Lombardie du XIVe siècle. Les romans et nouvelles historiques — *La battaglia di Benevento* (1828), *L'assedio di Firenze* (1836), etc. — du Livournais Francesco Domenico Guerrazzi (1804-1873) sont des professions de foi démocratique. *Ettore Fieramosca* (1833) de Massimo D'Azeglio (1798-1966) exalte, à travers la lutte entre Français et Espagnols, le sentiment national. Le plus grand de ces « mineurs » est le patriote padouan Ippolito Nievo (1831-1861). *Angelo di bontà* (1856), son premier roman, est suivi de tragédies historiques. A Milan Nievo, fréquente le salon de la comtesse Maffei (1857-1859) et commence à rédiger son chef-d'œuvre, *Mémoires d'un Italien* (*Le confessioni un italiano,* posth., 1867). Volontaire garibaldien, il participe à l'expédition en Sicile. Il meurt en Méditerranée, lors du naufrage du bateau qui le ramenait au Piémont. *Mémoires d'un Italien* (souvenirs du noble Vénitien Carlo Altoviti) est une fresque de la vie italienne de 1775 à 1855. La maturation politique du protagoniste est liée à son amour pour Pisana di Fratta, l'une des héroïnes les plus réussies de la littérature italienne. Giuseppe Rovani (1818-1874) aussi débute par des romans historiques (*Lamberto Malatesta,* 1843 ; *Valenzia Candiano,* 1844, etc.). En 1848-1849 il participe à la défense de Rome et de Venise. Son œuvre la plus ambitieuse est *Cento anni* (1868-1869), dont les cinq volumes retracent, suivant l'exemple de Manzoni et de Nievo, la vie de la société lombarde de 1750 à 1850.

La poésie. — Giovanni Berchet (1783-1851), théoricien du romantisme, publie plusieurs recueils de poèmes épico-lyriques (*Profughi di Parga,* 1821 ; *Romanze,* 1822-1824 ; *Fantasie,* 1829), centrés sur l'exil, l'errance, l'opposition à l'envahisseur. La deuxième génération romantique ne brille pas d'un éclat particulier. Giovani Prati (1814-1884) connut la célébrité grâce à la nouvelle en vers *Edmenegarda* (1841), illustration du versant sentimental du romantisme. Ses œuvres de maturité — *Canto d'Igea, Incantesimo* — n'ont pas échappé à l'oubli. Emprisonné à Venise (1848-1849), puis en Bohème (1859), le Véronais Aleardo Aleardi (1812-1878) est un fervent patriote. La publication de ses *Canti* (1864) eut un retentissement considérable : l'exotisme, le pathétique, la musicalité des vers annoncent certaines tonalités décadentes.

Deux poètes dialectaux se détachent au XIXe siècle. Le Milanais Carlo Porta (1775-1821) donne droit de cité aux petites gens, aux déshérités, dans un esprit qui annonce le vérisme : l'héroïne de *Nineta del Verzee* (harengère, puis prostituée) relate sa déchéance ; *Les malheurs de Giovannin Bongee* (1812-1814) met en scène un pauvre hère, persécuté par un soldat français, puis par un lampiste. Les quelque deux mille sonnets du romain Giuseppe Gioacchino Belli (1791-1863), composés de 1830 à 1839 et de 1843 à 1847, élèvent un monument à la plèbe romaine, à sa mentalité, à ses mœurs. Monument d'amertume, de haine mal réprimée devant l'injustice et l'immobilisme qui pèsent sur la ville éternelle. *Er caffettiere filosofo* rappelle d'ailleurs que les hommes, quel que soit leur statut social, finissent, comme les grains de café, par être tous broyés.

Le Toscan Giuseppe Giusti (1809-1850), enfin, passe les mythes du *Risorgimento,* les institutions politiques, la vie du petit peuple au crible d'une satire enlevée. Citons au moins *La ghigliottina a vapore* (1833), *Dies irae* (1835), *Le Roi Soliveau* (*Il Re Travicello,* 1841), portrait en charge du grand-duc de Toscane, *Il papato di Prete Pero* (1845), *La guerra* (1847).

Chapitre IV

DE L'UNITÉ A L'ÉPOQUE CONTEMPORAINE (XIXe-XXe SIÈCLES)

La proclamation du royaume d'Italie (1861), suivie du rattachement de la Vénétie (1866) et de la conquête de Rome (1870), inaugure une époque nouvelle. Le *Risorgimento* n'est pas pour autant achevé : seule la première guerre mondiale rendra à l'Italie les régions *irredente*. Le jeune royaume est confronté à des problèmes considérables, extérieurs (politique coloniale hésitante, alliance contre nature avec les empires centraux) et intérieurs (la question « méridionale », le retrait des catholiques de la vie politique). La mythologie de la « nouvelle Italie » est mise à mal par la grisaille de l' « Italietta ». *Cuore* (1886), d'Edmondo De Amicis (1846-1908), contribue à former les nouvelles générations d'écoliers. Par sa *Storia della letteratura italiana* (1870-1871), Francesco De Sanctis (1817-1883) fonde la nouvelle historiographie littéraire, pénétrée de valeurs patriotiques.

La « Scapigliatura ». — La *Scapigliatura* milanaise constitue, de 1860 à 1880 environ, un courant de transition entre le romantisme, le vérisme et le décadentisme. Opposés à la culture officielle, ouverts aux suggestions du romantisme européen, les *scapigliati* se tournent vers la folie, le macabre, le morbide. Ils rêvent d'un accord entre poésie, musique, peinture (Giuseppe Rovani publie en 1874 l'essai *Le tre arti*). Leur programme est souvent imprécis, mais leurs œuvres ne sont pas négligeables. Par son roman *La Scapigliatura milanese e il 6 febbraio* (1862), Cletto Arrighi (1830-1906) donne son nom au mouvement. Emilio Praga (1839-1875), auteur de *Penombre,* est un poète authentique. Les hantises de Giovanni Camerana (1845-1905), poète et peintre, annoncent le décadentisme. On doit à Ugo Igino Tarchetti (1841-1869) de remarquables *Racconti fantastici* (1869) et un roman, *Fosca,* achevé par Salvatore Farina. Narrateur racé, Carlo Dossi (1849-1910) se rapproche des *scapigliati* avant de commencer, en 1870, une longue carrière politique. Arrigo Boito (1842-1918) signe *Dualismo* (1864), le manifeste poétique de la *Scapigliatura* ; influencé par le mélodrame wagnérien, il compose *Mefistofele* (fraîchement accueilli à la Scala en 1868), écrit des livrets d'opéra pour Verdi : *Otello* (1867), *Falstaff* (1893).

Giosue Carducci (1835-1906). — Né à Valdicastello, en Toscane, Carducci obtient en 1855 son diplôme à l'Ecole normale de Pise. En 1860 il est nommé professeur de littérature italienne à l'Université de Bologne. Après avoir rencontré, en 1878, la reine Marguerite de Savoie, ce jacobin anticlérical, franc-maçon déclaré, rallie la cause de la monarchie : il deviendra dès lors le « poète de la patrie ». L'Italie officielle ne lui refuse pas ses faveurs. Le prix Nobel lui est décerné en 1906. Fidèle à une notion classique et noble de la poésie, Carducci distribue, après 1871, son œuvre poétique dans plusieurs recueils, selon des critères thématiques et formels. De savants exercices techniques alternent avec une vigoureuse dénonciation de la médiocrité politique ambiante. L'histoire, vivier de mythes pour la « troisième Italie », lui permet de dessiner les contours de la religion de la Patrie. *Nuove rime* (1861-1887) témoigne d'une inspiration plus variée : la veine intimiste, amoureuse, s'y précise. De la méditation de l'histoire se dégage progressivement l'idée de la mort. Plus appuyées dans *Rime e ritmi* (1887-1899) et dans *Odes barbares* (éd. déf. en 1893), ces tonalités élégiaques constituent l'aspect le plus durable de son œuvre. En tant que poète « officiel », Carducci a eu un rayonnement considérable : il a créé une école de poètes-professeurs, de philologues (Nencioni, Panzacchi, Mazzoni, Ferrari, Marradi). Son œuvre en prose — essais, correspondance, etc. — est remarquable : s'il n'y met pas toujours son cœur à nu, Carducci y dépose souvent sa toge de rhéteur.

I. — Vérisme et décadentisme

Naturalisme et vérisme. — Les réalistes et les naturalistes français — Balzac, Flaubert, Goncourt, Zola — obtiennent un vif succès en Italie. Le Milanais Felice Cameroni est l'un des premiers à les saluer. Mais le vérisme italien sera essentiellement méridional, voire sicilien : il vise à faire découvrir la réalité du Sud, occultée par l'iconographie *risorgimentale.* Entre le vérisme et le « décadentisme », il n'y a pas de solution de continuité. *Les Malavoglia* de Verga et *Malombra* de Fogazzaro paraissent la même année (1881), ainsi que *Mastro-Don Gesualdo* de Verga et *L'Enfant de volupté* de D'Annunzio (1889).

Giovanni Verga (1840-1922). — Le succès du Sicilien Verga a été long à venir. Il faudra attendre les années vingt pour qu'il soit reconnu comme un maître du vérisme. Verga quitte la Sicile pour s'installer dans les capitales culturelles du pays : d'abord à Florence (1865-1871), où il se lie d'amitié avec Capuana, puis à Milan (1871-1893), où il rencontre Praga, Boito, De Roberto. Il publie des romans *scapigliati* — de *Tigre reale* (1873) à *Eros* (1874) —, mais aussi *Nedda* (1874) un *bozzetto* (scène de genre) sicilien qui annonce sa « conversion » au vérisme. Celui-ci est illustré par *Vita dei campi* (1880) et *Novelle rusticane* (1883), par les romans *I Malavoglia* (1881) et *Mastro-Don Gesualdo* (1889). Le grand public boude ces œuvres. Le retour de

Verga à Catane coïncide avec un tarissement de son inspiration. Son « silence », peuplé de projets jamais réalisés, se prolongera jusqu'à sa mort. Verga accepte les principes majeurs du darwinisme et du naturalisme (méthode expérimentale, « impersonnalité » du romancier), pour se pencher sur des paysans et des pêcheurs vaincus par la vie, humiliés par l'histoire — par la « piémontisation » de l'île aussi —, rudoyés par une nature hostile. Les nouvelles de *Vie des Champs* étudient une société mythique, figée dans sa religion de la « roba » et de l'honneur, et des personnages voués à la défaite (cf. *Rosso Malpelo*).

Les Malavoglia met en scène une famille de pêcheurs siciliens dans les années qui suivent l'unification : leur patrimoine se limite à *La providence,* la barque par laquelle ils gagnent durement leur vie, et à « La maison du néflier », leur foyer. Leurs malheurs tiennent au désir d'améliorer leur condition matérielle. A la vision stoïque, mais immobiliste de « padron 'Ntoni », le patriarche, s'opposent les velléités de révolte de son petit-fils 'Ntoni. « La maison du néflier », sanctuaire familial, sera retrouvée grâce à Alessi, au dévouement de Lena. Les valeurs positives des *Malavoglia* (sorte de réécriture critique des *Fiancés*) sont contestées par les *Novelle contadine* : le calcul l'emporte sur l'honneur : Lucia, l'héroïne de *Pane nero,* bien différente de Lena Malavoglia, se donne à son patron pour s'assurer une riche dot. Mais l'accumulation de biens matériels révèle son inanité face à la mort *(La Roba).* Cette sombre vision du monde caractérise *Mastro-Don Gesualdo.* Son enjeu tient à ce trait d'union : Gesualdo Motta est un maçon : conquises de haute lutte, l'aisance matérielle, les terres lui donnent accès, par le biais de son mariage avec Bianca Trao, à un monde aristocratique qui ne l'acceptera jamais. D'où ce trait d'union ironique, cet entre-deux de solitude dans lequel se débat le héros. Ce deuxième roman du cycle inachevé des « vaincus » sanctionne la faillite de la religion de la famille (à « La maison du néflier » s'oppose le palais palermitan de Gesualdo, aussi riche que vide), l'échec de la religion de la « roba ». Par sa thématique, son attitude à la fois détachée et compatissante à l'égard de ses personnages, par sa langue, ni littéraire ni dialectale, Verga exercera une influence considérable sur le néo-réalisme.

Le vérisme sicilien. — Théoricien du vérisme, le Catanais Luigi Capuana (1839-1915) réunit ses essais dans *Studi sulla letteratura contemporanea* (1882) et *Gli « ismi » contemporanei* (1898). Son œuvre narrative est loin d'être une froide application de ses théories. *Giacinta* (1879), le premier roman vériste italien, s'attache à un cas pathologique. Ce même intérêt pour la psychologie morbide se retrouve dans son meilleur roman, *Il marchese di Roccaverdina* (1901), ainsi que dans plusieurs nouvelles, dont la célèbre *Tortura.* Sicilien d'adoption, le Napolitain Federico De Roberto (1861-1927) séjourne (lui aussi) à Florence, à Milan. Paul Bourget exerce sur lui une influence très nette. *Les Princes de Francalanza* (*I Viceré,* 1894) relate l'histoire de la famille Uzeda di Francalanza, depuis le départ des Bourbons à l'instauration du royaume.

Vérisme et régionalisme. — Le désir (polémique) de faire connaître des réalités sociales ignorées et le regret des valeurs traditionnelles se conjuguent chez la plupart des auteurs « régionalistes ». Matilde Serao (1856-1927) explore dans *Il ventre di Napoli* (1883) et dans *Il paese di Cuccagna* (1891) la vie quotidienne du petit peuple. Les nouvelles et les poèmes en dialecte de Salvatore Di Giacomo (1860-1934) mettent au jour les lois coutumières qui régissent la société parthénopéenne. La Sardaigne de Grazia Deledda (1871-1936), prix Nobel en 1926, est une île mythique. La loi de l'Etat unitaire pèse bien peu face aux traditions. Le poids de la faute écrase les héros de *Elias Portolu* (1903) et de *Canne al vento* (1913) : c'est la vérité des âmes que Grazia Deledda cherche à mettre au jour. Les « régionalistes » toscans s'inscrivent dans une tradition prestigieuse, qui refuse le misérabilisme. On doit à Renato Fucini (1843-1922) les nouvelles *Le Veglie di Neri.* Mario Pratesi (1842-1921) réunit dans *In provincia* (1883) des nouvelles et des *bozzetti,* influencés par Manzoni ; son roman *L'eredità* (1899) s'inspire de Verga. *Pinocchio. Storia* *di un burattino* (1880) du Toscan Carlo Collodi (pseud. de Carlo Lorenzini, 1826-1890) a fait le tour du monde : ce récit pédagogique jette une lumière critique sur la société de l'époque. La ville de Milan, trépidante, laborieuse, se reflète dans les romans d'Emilio De Marchi (1851-1901), notamment dans *Demetrio Pianelli.* La littérature piémontaise trouve ses meilleurs représentants en Giovanni Faldella (1846-1928), auteur de *Figurine* et Giuseppe Giacosa (1847-1906), narrateur et dramaturge *(Tristi amori ; Come le foglie).*

Le décadentisme. — *Scapigliato,* symboliste, futuriste, le Milanais Gian Pietro Lucini (1867-1914) a essayé de fonder un « symbolisme italien ». Mais c'est le terme « décadentisme » qui s'impose pour désigner un courant aux frontières incertaines. Quelques revues romaines et florentines — *Cronaca Bizantina* (1880-1885), *Il Convito* (1895-1896), *Il Marzocco* (1896-1932) — en définissent les orientations. A certains thèmes européens (un spiritualisme morbide ou esthétisant, le rêve de fondre poésie et musique, la culture comme refuge aristocratique), le décadentisme italien ajoute ses spécificités : la « décadence » est liée aux déceptions de la politique postunitaire; l'intérêt pour les phénomènes psychiques, le spiritisme, prolonge une approche vériste qu'on ne récuse pas.

Antonio Fogazzaro (1842-1911). — Proches de la névrose, tiraillés entre des élans mystiques et une sensualité trouble, attirés par l'occultisme, plusieurs personnages de Fogazzaro relèvent de la sensibilité décadente. Le roman *Malombra* (1881) est son premier grand succès. Marina découvre un manuscrit de Cecilia, sa grand-mère, annonçant sa réincarnation. Le vent de la folie et de la mort va emporter les personnages. *Daniele Cortis* (1885), histoire de deux cousins qui renoncent à un amour impossible, s'enrichit d'une autre dimension : Fogazzaro définit son credo politique catholico-libéral. *Petit monde d'autrefois* (*Piccolo* *mondo antico,* 1895), le chef-d'œuvre de Fogazzaro, renoue avec le roman historique : le décor sur lequel se détache l'histoire de Franco Maironi et de Luisa est celui de la guerre *risorgimentale* de 1859. *Petit monde d'autrefois* inaugure un cycle romanesque que poursuit, avec des résultats moins probants, *Petit monde d'aujourd'hui* (*Piccolo mondo moderno,* 1900) : Piero Maironi, fils de Franco, incarne les aspirations spirituelles et les déceptions de toute une génération post-unitaires. Il expose aussi les thèse de Fogazzaro, gagné au darwinisme et à l'évolutionnisme, qu'il veut concilier avec sa foi catholique. Roman assez confus et diffus, *Le Saint* (1905) fait de Fogazzaro, sans doute contre son gré, le paladin du modernisme : le romancier se soumet néanmoins à l'autorité de l'Eglise. Son dernier roman, *Leila* (1910), confirme cette dérive vers un roman à thèses (d'ailleurs mal assimilées). Mais plus que par le personnage idéalisé du « saint », Fogazzaro a contribué au courant décadent par ses premiers romans. Leur audience, en Italie et en Europe, a été exceptionnelle.

Giovanni Pascoli (1855-1912). — C'est par d'autres voies que Giovanni Pascoli rejoint le symbolisme européen. L'enfance et l'adolescence du poète, né à San Mauro (Romagne), sont marquées par des deuils : le meurtre de son père, en 1867, la mort de sa mère, de plusieurs de ses frères et sœurs. D'où le rêve obsédant de reconstituer le « nid familial ». Elève de Carducci à l'Université de Bologne, Pascoli ne cache pas ses sympathies pour l'anarchisme. Il commence en 1895 une carrière universitaire qui le ramènera en 1906 à Bologne, où il succède à Carducci. *Myricae (Tamaris),* son premier recueil de poèmes (1892, éd. défin., 1903), marque un tournant dans la poésie italienne. Pascoli suggère, révèle, ne décrit pas. Sa perception de la nature et de la campagne renoue avec l'élégie ; mais les onomatopées, les effets musicaux, les enjambements, le lexique, technique et prosaïque à la fois, créent une langue et une prosodie originales. Un essai, *Le petit enfant* (*Il Fanciullino,* 1897), livre la clef de sa poétique : seul le « petit enfant » qui habite le cœur du poète peut dévoiler le mystère du monde, saisir les correspondances entre les objets et l'infini. *Canti di Castelvecchio* (1903), journal en vers de la vie à la campagne, affine les recherches d'ordre linguistique. Les poèmes mythologiques ou historiques de *Poemi conviviali* (1904) relèvent du décadentisme par leur hantise de la mort : le retour au monde classique (Pascoli était aussi un excellent poète en latin) est un refuge. Sensible aux revendications nationalistes, qu'il conjugue avec son socialisme instinctif, Pascoli prend le relais de Carducci en tant que « poète national ». Inachevés ou posthumes, *Poemi italici* (1911), *Poemi del Risorgimento* (1913), *Canzoni di Re Enzio* (1914) se tournent, avec moins de bonheur, vers les mythes de l'Italie unifiée. Sa poésie, fort complexe, exercera une influence considérable sur la poésie du XXe siècle.

Gabriele D'Annunzio (1863-1938). — Auteur protéiforme, D'Annunzio traverse les modes culturelles tout en affirmant son culte aristocratique de la beauté et de l'énergie. Le décadentisme n'est qu'un de ses multiples visages. A Rome, où il s'est installé en 1892, D'Annunzio ne tarde pas à conquérir le milieu littéraire. Aux qualités de ses œuvres s'ajoutent le rayonnement de l'esthète (luxe affiché, amoralisme) et un flair commercial certain. *Canto novo* (1882) est bientôt suivi d'autres recueils poétiques (*L'Isotteo. La Chimera,* 1890 ; *Elegie romane,* 1892) : l'inspiration sensuelle s'y conjugue avec une ouverture certaine à la poésie européenne. Consacrées aux Abruzzes, les nouvelles de

Terra vergine (1882) et *Le novelle della Pescara* (1884-1886) relèvent d'un vérisme dont D'Annunzio souligne les aspects mythiques, barbares. Son premier roman, *L'Enfant de volupté* (*Il Piacere,* 1889), impose Andrea Sperelli comme protagoniste du décadentisme italien. *Poema paradisiaco* (1893), qui filtre la poésie symboliste fin de siècle, est un autre pôle de son décadentisme. Les romanciers russes orientent les romans *L'intrus* (*L'innocente,* 1891) et *Giovanni Episcopo* (1892) vers un idéal de solidarité et de purification. Nietzsche influence fortement des romans liés au mythe du surhomme : *Il trionfo della morte* (1894), *Le vergini delle rocce* (1895), *Il Fuoco* (1900), le grand roman vénitien et wagnérien de D'Annunzio.

En 1898 il s'installe en Toscane, à la « Capponcina ». Il rédige des tragédies — dont *La Figlia di Jorio* (1904), *La fiaccola sotto il moggio* (1905) —, les trois admirables livres poétiques des *Laudi* (1903-1904) qui l'imposent aussi en tant que poète « prophète » de la modernité et de l'Italie unie. Criblé de dettes, en 1910, D'Annunzio s'installe en France : à Paris ou à Arcachon, au gré des déplacements de ses maîtresses. Il écrit son dernier roman (*Forse che sì forse che no,* 1910), des proses (*La contemplazione della morte,* 1912), le quatrième livre des *Laudi* (*Merope,* 1912). Il rédige en français des tragédies (*Le martyre de Saint-Sébastien,* mis en musique par Claude Debussy en 1911, fait scandale). En 1912, il refuse la chaire de Pascoli, à l'Université de Bologne. Ses exploits pendant la guerre sont connus. Plongé dans l'obscurité, il dicte les proses poétiques de *Notturno* (1921). Après avoir occupé Fiume avec ses volontaires (1919-1920), il s'installe à Gardone, dans une villa qui sera transformée en « Vittoriale degli Italiani ». Le fascisme, qu'il a rallié, le comble d'honneurs. Pendant ces années de labeur solitaire, D'Annunzio publie quelques-uns de ses plus beaux livres : *Faville del maglio* (1924, 1928), *Libro segreto* (1935). A l'approche de la mort, le mythe du surhomme s'efface devant un voyage plus authentique dans la mémoire, fait du fulgurations et d'inquiétudes. Formidable artiste et médiateur culturel, D'Annunzio est le modèle de plusieurs générations de poètes et de narrateurs.

II. — Littérature de crise et avant-gardes au début du XXe siècle[1]

L'idéalisme, l'irrationalisme des avant-gardes florentines et milanaises contestent l'académisme et le positivisme. L'esthétique idéaliste de Benedetto Croce (1866-1952) — *Estetica,* 1902 ; *Breviario di estetica,* 1912 — et sa revue *La Critica* (1903-1944) jettent les bases d'une nouvelle culture. Toutefois, c'est à Svevo, à Pirandello qu'il faut demander les premières images de l'homme moderne, saisi dans ses doutes et ses contradictions.

Italo Svevo (1861-1928). — Né à Trieste, citoyen autrichien jusqu'en 1918, Italo Svevo ne sera véritablement « découvert » par l'Italie et l'Europe que deux ans avant sa mort, grâce aux efforts de Joyce, Valery Larbaud, B. Crémieux, Montale. Son nom de plume (pseudonyme d'Ettore Schmitz) est une profession d'italianité (Italo) et une allusion aux différentes cultures qui se croisent à Trieste : allemande (Svevo signifie Souabe), slave, sans oublier, en l'occurrence, la culture juive et la connaissance précoce que Svevo a de Freud. Sa vie quotidienne n'a rien d'exaltant : il doit se

1. Pour le XXe siècle, nous nous bornerons à des indications succinctes, renvoyant le lecteur à deux autres livres de cette collection : *La littérature italienne contemporaine* et *Ecrivains italiens d'aujourd'hui.*

contenter d'un emploi subalterne dans une banque; après son mariage avec Livia Veneziani, fille d'un riche fabricant de peinture, il travaille auprès de son beau-père. Il meurt en 1928, des suites d'un accident de la route. Les références autobiographiques ne manquent pas dans ses trois romans. Dans *Una vita* (1892), Alfonso Nitti, prototype de l'*inetto* (incapable), personnage récurrent chez Svevo, n'est pas sans rappeler l'auteur. Employé de la banque Maller, Alfonso trouve son refuge dans le rêve : son suicide sera une ultime forme de fuite. Ecrit dans un italien grinçant (un « italien langue étrangère »), *Una vita* s'écarte du naturalisme de Zola (que Svevo connaissait bien). Etranger à la vie, comme Alfonso, mais plus âgé (et moins défaitiste) que lui, Emilio Brentani, le héros de *Senilità* (1898), s'enlise dans une liaison avec la jeune et sensuelle Angiolina. La mort de sa sœur Amalia lui donne la force de rompre avec le mensonge. A la Trieste grise du premier roman succède une ville inondée de lumière et de couleurs. Le regard du désir et de la jalousie crée des situations plus complexes.

Accueilli avec défiance par les psychanalystes qui y voyaient, non sans raison, une ironique mise en cause de leur science, *La conscience de Zeno* (1923), le plus célèbre des romans de Svevo, a une structure à la fois plus ouverte et plus élaborée : chaque chapitre est une sorte d'essai. Zeno Corsini rédige son journal, destiné à son psychanalyste. Sa vie affective est ambiguë. Le salut vient de l'extérieur : acculé à l'action, Zeno pratique avec réussite le commerce. Malade, anti-héros bourgeois, Zeno trouve sa mesure dans une ironie qui sanctionne en même temps sa supériorité et son incapacité à agir. Par son diagnostic pessimiste sur la nature humaine, par la forme originale de ce roman, Svevo rejoint la grande voie qu'avaient ouverte Joyce, Proust. On lui doit aussi des nouvelles et des pièces de théâtre.

Luigi Pirandello (1867-1936). — Pour Pirandello aussi le succès a été long à venir. Né à Agrigente dans une famille aisée, diplômé de l'Université de Bonn, en 1891 Pirandello s'installe à Rome. Ses débuts littéraires passent inaperçus. En 1903, la ruine financière de son père l'oblige à gagner durement sa vie ; l'équilibre psychique de sa femme est ébranlé : en 1919 elle sera internée. L'essai *L'umorismo* (1908), analyse le sens de l'absurde et du contraire. Après la guerre, le succès de son théâtre lui assure la célébrité. En 1929 il est nommé académicien d'Italie ; en 1934 il reçoit le prix Nobel. Avec sa propre compagnie (Il Teatro d'Arte), Pirandello sillonne le monde : à partir de 1928 plusieurs premières de ses pièces sont montées à l'étranger. Fidèle à sa culture vériste, puis « décadente », Pirandello étudie, dès la fin du siècle, les altérations et le dédoublement de la personnalité, la folie, les rapports entre « moi quotidien » et « moi créateur ». Beaucoup de thèmes rendus célèbres par ses pièces prolongent une réflexion amorcée dans ses nouvelles. Pirandello aborde d'ailleurs le théâtre assez tard, à quarante-trois ans : 24 de ses 43 pièces sont tirées de son œuvre narrative.

Romans et nouvelles. — La plupart des sept romans et des 311 nouvelles que Pirandello a écrits de 1884 à 1936 se situent avant 1917. Les nouvelles siciliennes mettent en valeur, au-delà d'un répertoire vériste assez convenu (le monde paysan, la jalousie, les rites d'un monde figé), un symbolisme élémentaire. Les nouvelles romaines dépeignent volontiers des personnages « gris » enfermés dans un monde étriqué, calfeutrés dans une « honorabilité » tout extérieure. Le fait divers empiète volontiers sur le tragique, l'humour macabre met à nu les impostures de la société. La seule évasion, c'est le rêve. Les quelques nouvelles rédigées dans les années trente (appelées à tort « surréalistes ») explorent le domaine trouble des pulsions élémentaires, dont celle, omniprésente, de la mort.

Que l'histoire — et les idéologies qu'elle véhicule — ne soit que mensonge, les romans s'attachent à le démontrer. Roman « cyclique », *Les vieux et les jeunes* (*I vecchi e i giovani,* 1913), dénonce l'échec des « vieux », les patriotes qui ont conduit la Sicile à la colonisation piémontaise, et celui des « jeunes », les socialistes qui ont mené paysans et ouvriers à une révolution ratée, les Faisceaux siciliens (1894). Roman antinaturaliste et existentialiste avant la lettre, *Feu Mathias Pascal* (*Il fu Mattia Pascal,* 1903) est l'histoire d'un échec individuel : Mathias, devenu subitement riche, essaie en vain de vivre une nouvelle vie en Amérique, après avoir fait croire à sa mort et changé d'état civil. La mystification sociale se solde par une interrogation inquiétante sur son propre moi. *On tourne* (*Si gira,* 1915), roman du cinéma, dénonce, une fois de plus, les limites du naturalisme, incapable de dépasser la « photographie », d'atteindre cet « au-delà » auquel aspirent les personnages.

Le théâtre. — On peut distinguer trois époques. La première, de *L'Etau* (*La morsa,* 1910) à *Chacun sa vérité* (*Così è (se vi pare),* 1917), est encore tributaire du vérisme et du folklore sicilien (certaines pièces sont d'ailleurs écrites en dialecte). La condition paysanne (*Liolà,* 1916), l'adultère et l'honneur bafoué — 28 pièces de Pirandello s'appuient sur le « triangle » classique du théâtre bourgeois — en sont les sujets essentiels, traités sur un registre tantôt comique, tantôt pathétique. *Chacun sa vérité* marque un tournant : le « raisonneur » Laudisi ne peut tirer au clair l'identité de Mme Ponza, ni accorder des témoignes contradictoires. La deuxième époque s'ouvre avec *Le jeu des rôles* (*Il gioco delle parti,*

1918), où Pirandello étudie les rapports entre personne et personnage, rôle sur scène et vie (cette réflexion aboutira à *Trovarsi,* 1932). Plusieurs chefs-d'œuvre appartiennent à cette période : la trilogie du théâtre dans le théâtre — *Sei personaggi in cerca d'autore* (1921), révélés en 1923 au public parisien par les Pitoëff, *Ciascuno a suo modo* (1924), *Questa sera si recita a soggetto* (1930) —, qui met en cause (et en abîme) l'illusion théâtrale; *Enrico IV* (1922), *Vestire gli ignudi* (1922). Dans les dernières années de sa vie Pirandello rédige une sorte de testament sous forme de « mythes » : *Lazzaro* (1929), le mythe religieux; *La nuova colonia* (1933), le mythe social; *I Giganti della montagna* (posth., 1937), le mythe artistique, où la primauté de l'art est affirmée de façon assez confuse.

On se gardera de limiter le théâtre de Pirandello à l'opposition Forme-Vie, proposée en 1922 par A. Tilgher : le « pirandellisme » est une dérive du théâtre pirandellien. Dans une interview accordée en 1930 au *Corriere della Sera,* Pirandello affirme que la tragédie « éclate quand l'homme, au lieu de vivre seulement, se regarde vivre ». Ce regard découvre des failles inavouables; mais ces épiphanies discordantes n'aboutissent qu'à des images fragmentaires. Pirandello ne cède pas pour autant au vertige de l'irrationnel : ses personnages s'efforcent d'assumer les contradictions de la vie. Le théâtre pirandellien est un théâtre critique et non pas révolutionnaire : un théâtre combinatoire (G. Genot), reposant sur un nombre restreint d'éléments formels. Par ces moyens, liés à son activité de metteur en scène, Pirandello renouvelle l'écriture dramatique de l'entre-deux-guerres.

L'avant-garde florentine : l'époque des revues (1903-1916). — Plusieurs revues florentines contribuent au renouvellement de la culture italienne : *Il Leonardo*

(1903-1907), de Papini et Prezzolini, devient, pour un temps, l'organe du pragmatisme italien ; *La Voce* (1908-1916) de Prezzolini exerce une emprise déterminante sur les jeunes intellectuels ; *Lacerba* (1913-1915), fondée par Papini et Soffici, est le fer de lance de l'avant-garde italienne. Le rayonnement de ces revues tient à la personnalité de leurs animateurs, remarquables « agents culturels ». Giuseppe Prezzolini (1882-1992) a été pendant trente ans la conscience critique de la nouvelle culture italienne, avant de fuir, en 1930, le fascisme et de s'exiler aux Etats-Unis. Narrateur, essayiste, polémiste redoutable, Giovanni Papini (1881-1956) récuse dès 1906, dans *Crepuscolo dei filosofi,* les systèmes philosophiques. Son autobiographie intellectuelle *Un uomo finito* (1912) et sa *Storia di Cristo* (1921), consécutive à sa conversion, ont marqué une génération. Peintre, poète et narrateur, Ardengo Soffici (1879-1964) apporte à la culture italienne sa connaissance des avant-gardes françaises. En 1911 il publie son essai *A. Rimbaud* et *Lemmonio Boreo,* un roman autobiographique. *Bif & zf 18. Simultaneità e chimismi lirici* (1915) s'inscrit avec autorité dans la poésie d'avant-garde. La guerre lui inspire plusieurs récits autobiographiques. Dans les années vingt, Soffici fait campagne pour le « retour à l'ordre », dans le domaine artistique et littéraire.

La génération de « La Voce ». — L'ouverture de *La Voce* à la littérature est relativement tardive. Elle s'accentue pendant les années 1914-1916, lorsque la direction de la revue est confiée à Giuseppe De Robertis. *La Voce* privilégie le poème court, le fragment de prose poétique, le récit : choix logiques chez des auteurs en quête d'authenticité, d'une écriture porteuse de valeurs morales et, tendentiellement, autobiographique. Quelques mois avant de mourir sur le front, Ettore Serra analysait de façon exemplaire, dans *Esame di coscienza di un letterato* (30 avril 1915), ses incertitudes littéraires et humaines. La guerre disperse, ou emporte, les écrivains *vociani,* sans pour autant effacer l'importance de cette revue. Pour les Triestins « exilés » à

Florence — citoyens autrichiens mais résolument *irredentisti* —, *La Voce* est un ancrage culturel et politique. Carlo Michelstaedter (1887-1910), né à Gorizia dans une famille juive, se donne la mort à vingt-trois ans. Son essai *La persuasione e la rettorica* (posth., 1912), ses *Poesie* (posth., 1912) éclairent son pessimisme radical. Tombé au champ d'honneur, Scipio Slataper (1888-1915) avait publié en 1912 le roman autobiographique *Mon frère Le Carso (Il mio Carso).* Liguriens ou Lombards, les « moralistes » de *La Voce* sont proches des Triestins par leur quête passionnée d'une vérité morale. Les aspirations confuses de Giovanni Boine (1887-1917) se manifestent dans *L'esperienza religiosa* (1911) et dans le roman *Il peccato* (1914). Piero Jahier (1884-1966) publie en 1919 *Ragazzo* et *Con me e con gli alpini.* Dans le domaine poétique, Camillo Sbarbaro (1888-1967) se révèle par *Pianissimo* (1914); Clemente Rebora (1885-1957) débute par *Frammenti lirici* (1913), suivis de *Canti anonimi* (1922).

Les crépusculaires. Le futurisme. — Les poètes « crépusculaires » s'affirment dans les années 1903-1914. Par leur répertoire thématique — le *spleen* du dimanche, la maladie, la grisaille de la vie quotidienne —, ils se situent dans le sillage de D'Annunzio, de Pascoli, du symbolisme; mais ils tendent à renverser le modèle dannunzien et se tournent, avec une ironie parfois grinçante, vers des décors intimistes. Leur parole poétique refuse le *sublime* et les illusions de l'Histoire. Le Romain Sergio Corazzini (1886-1907) exprime sa quête d'un absolu par le mythe de l' « enfant malade », qu'il oppose à celui du « poète ». Le Turinois Guido Gozzano (1883-1916) dresse dans *I colloqui* (1911) le bilan d'une existence minée par la phtisie et l'engouement (littéraire) pour D'Annunzio. Pour d'autres, le « crépuscularisme » n'a été qu'un lieu de passage. Marino Moretti (1885-1976) établit lui-même dans *Poesie 1905-1914* (1919) le bilan de sa première saison poétique : ses romans et récits lui donneront ensuite une large audience. Après des débuts « crépusculaires », le Florentin Aldo Palazzeschi

(1885-1974) adhère en 1909 au futurisme et publie *L'incendiario* (1910; éd. augm., 1913); ses œuvres en prose connaîtront un succès considérable. Crépusculaire (*Armonia in grigio et in silenzio,* 1903), futuriste (*Poesie elettriche,* 1911 ; *Rarefazioni e parole in libertà,* 1915), Corrado Govoni (1884-1965) traverse les écoles poétiques en demeurant fidèle, pendant plus de soixante ans, à son inspiration idyllique et impressionniste.

Fondé en 1909, le futurisme est indissociable de la personnalité de F. T. Marinetti (1876-1944), né en Egypte, lié aux milieux parisiens. Ses premiers poèmes français — de *La Conquête des étoiles* (1902) à *La Ville charnelle* (1908) — relèvent du symbolisme. Influencé par *Ubu Roi* de Jarry, son *Roi Bombance* (1905) raille la démocratie parlementaire et le socialisme. Le *Manifeste de fondation du futurisme* (publié à Paris et à Milan) récuse les valeurs « passéistes », exalte le dynamisme, la guerre. Apôtre de la modernité, Marinetti sillonne l'Europe, rédige des manifestes, publie des romans (*Mafarka le futuriste,* 1910), des poèmes — *Zang Tumb Tumb, Adrianopoli, ottobre 1912* (1914), description phono-symbolique d'une bataille —, des « synthèses théâtrales ». *Guerra sola igiene de mondo* (1915) illustre sa vision polémologique de la vie. Dans les années 1922-1924 Marinetti rejoint le fascisme. Son activité poétique est intense : *L'Aeropoesia* (1931) ouvre une nouvelle étape dans la poésie futuriste; *Poema africano* (1937) exalte la politique africaine de Mussolini. Ses dernières œuvres mettent à nu une inquiétude métaphysique perceptible dès ses premiers livres.

1909-1916 sont les années solaires du futurisme. Des « manifestes techniques » en précisent le répertoire thématique (la modernité industrielle, la vitesse, les villes tentaculaires) et les instruments formels (destruction de la syntaxe, « paroles en liberté », analogie et simultanéité). En 1910, paraissent les premiers manifestes de la peinture futuriste, signés par Balla, Boccioni, Carrà et Russolo. En 1912, l'exposition des peintres futuristes à Paris engendre une polémique féconde avec Apollinaire et les cubistes. Avant-garde totalisante, le futurisme énonce une esthétique originale, fondée sur l'utopie de renouveler l'humanité. En 1914, les Florentins de *Lacerba* (Papini, Soffici, Palazzeschi) se séparent de Marinetti, au nom d'un « futurisme » moins dogmatique. Après 1918 le mouvement s'étiole : les défections et les décès, la confusion entre futurisme et politique l'ont affaibli ; la guerre a dénoncé certains de ses mythes (le surhomme, la régénération par le sang et la violence). Il a été de bon ton, pendant de longues années, de minimiser son importance. Son rayonnement a été réel. Parfois souterraine, son influence sur le dadaïsme, le surréalisme, l'expressionnisme, les avant-gardes russes est certaine.

Dino Campana (1885-1932). — Cherchant en vain à s'intégrer dans les milieux florentins, Dino Campana incarne le mythe du poète maudit : il est le Nerval et le Rimbaud italien. Ses errances le mènent de Marradi, sa ville natale, à l'Amérique du Sud, de prison en hôpital psychiatrique : en 1918 il est définitivement enfermé à Castel Pulci. En 1914 il avait publié, à compte d'auteur, *Canti orfici.* Des poèmes en prose et en vers y retracent une quête orphique : Campana rêve d'étreindre l'infini, d'abolir le temps par un retour à un monde « barbare ». Procédant par illuminations, par images oniriques, par répétitions obsédantes, Campana poursuit, au bout de la nuit, la révélation, sans cesse différée, d'un accord avec l'univers. La tradition poétique — de Withman aux symbolistes, de D'Annunzio aux *vociani* — est la toile sur laquelle

Campana trace un message fuyant : le voyant n'est peut être qu'un visionnaire. Mais les poètes « hermétiques » l'ont tenu pour un phare.

III. — Le retour à l'ordre et la littérature à l'époque fasciste

La guerre, qui permet à l'Italie de recouvrer Trieste et le Trentin, se révèle sous son vrai visage : elle a arraché à la rhétorique ses masques. Le désarroi de certains intellectuels au lendemain du conflit est bien rendu par le roman *Rubè* (1921) de Giuseppe Antonio Borgese (1882-1952). Au plan culturel, le « retour à l'ordre » précède le fascisme : refusant les avant-gardes et leurs débordements, la littérature redécouvre sa dignité et sa tradition. Au plan artistique, la revue *Valori plastici* (1918-1921) exprime ces mêmes tendances. Le fascisme ne badine pas avec la presse d'opposition : en 1925 (l'année où Benedetto Croce fait paraître son manifeste des intellectuels antifascistes), la censure supprime *La Rivoluzione Liberale,* contraignant à l'exil son fondateur, le Turinois Piero Gobetti (1901-1926). En revanche, le fascisme n'impose pas une doctrine littéraire précise. La vie culturelle, liée aux revues, est d'une richesse considérable (même si certaines d'entre elles paient au prix fort leur liberté d'expression).

Les revues romaines : « La Ronda », « Novecento ». — Dirigée par sept « sages » (dont Cecchi, Cardarelli, Bacchelli), *La Ronda* (1919-1923) prône ouvertement le « retour à l'ordre » : à la tradition (n'en déplaise au futurisme), aux distinctions entre littérature et action politique. *La Ronda* jette ainsi les bases de ce « culte de la parole » qui va caractériser la culture « hermétique ». Se réclamant de Leopardi et de Baudelaire, la *prosa d'arte* en est l'expression la plus caractéristique : elle trouve sa mesure dans le récit, l'essai, le poème en prose. De cette *prosa d'arte,* le Florentin Emilio Cecchi (1884-1966) se révèle, dès *Pesci rossi* (1920), le maître incontesté. Son œuvre très riche de prosateur, de critique est guidée par un goût très sûr, un style élégant et clair. Vincenzo Cardarelli (1887-1959) est un prosateur racé (*Il sole a picco,* 1928 ; *Prologhi, viaggi, favole,* 1929) doublé d'un poète. Ses *Poesie* (1936, 1942), sans cesse augmentées de pièces nouvelles, relient la poésie pure des années vingt à l'hermétisme. Que les *rondisti* puissent aboutir à des mesures plus longues, l'inspiration torrentielle du Bolonais Riccardo Bacchelli (1891-1982) le prouve bien. Son œuvre, d'une richesse extrême, a abordé tous les genres. Sa renommée tient néanmoins à deux romans historiques : *La folie Bakounine* (*Il diavolo al Pontelungo,* 1927) et *Il mulino del Po,* (1938-1940), vaste fresque embrassant un siècle d'histoire italienne (1812-1918).

Fondée par Massimo Bontempelli (1878-1960), *Novecento* (1926-1929), rédigée d'abord en français avec le sous-titre *Cahiers d'Italie et d'Europe,* fait preuve d'une ouverture louable aux écrivains européens (de Max Jacob à Malraux, de Rilke à Joyce). Le *Novecentismo,* tel que Bontempelli le conçoit, doit prendre le relais du futurisme et opérer une osmose raisonnable entre les avant-gardes. Mais ce programme est resté lettre morte. En revanche, vivifiée par une composante surréelle (que l'auteur appelle « réalisme magique »), l'écriture de Bontempelli donne des résultats fort heureux dans plusieurs romans (*La vita operosa,* 1921 ; *Il figlio di due madri,* 1929 ; *Vita e morte di Adria e dei suoi figli,* 1930) et dans son théâtre.

Les revues florentines et l'hermétisme. — Jusqu'en 1940 Florence joue son rôle de capitale culturelle. C'est autour de ses revues — *Solaria* (1926-1934), qui révèle Joyce, Proust, Svevo, ainsi que Federigo Tozzi (1883-1920), l'étonnant romancier de *Con gli occhi chiusi* (1919), *Il podere* (1921), *Tre croci* (1920) ; *Frontespizio* (1929-1940), *Letteratura* (fondée en 1937), *Campo di Marte* (1938-1938) — que gravitent les meilleurs écrivains et poètes de l'entre-deux-guerres. Né en 1936, l'adjectif « hermétique » perd vite sa connotation négative. D'ailleurs la culture florentine n'avait pas attendu cette date pour imposer ses valeurs : ouverture européenne, élégance stylistique, culte orphique de la parole, en marge de la politique (c'est néanmoins la censure fasciste qui arrête la publication de *Solaria*). Les faveurs de la culture hermétique

— dont le texte de Carlo Bo *Letteratura come vita* (1938) précise les orientations — vont à la poésie, à l'essai et au récit.

La poésie hermétique trace un sillon lumineux. Giuseppe Ungaretti (1888-1970) opère une synthèse originale entre modernité et tradition. Ecrit sur le front, son *Porto Sepolto* (1916), journal de guerre peuplé des images et des mirages de l'Egypte, où le poète est né, filtre l'héritage du symbolisme. *Allegria* (éd. déf., 1931) amplifie ces expériences ; *Sentimento del tempo* (1936) est marqué par la découverte de Rome et de la tradition poétique italienne, par le retour d'Ungaretti au catholicisme (1928). Le drame de l'histoire, personnelle et collective, innerve *Il dolore* (1947), tandis que *La terra promessa* (1950) continue d'élaborer de superbes mythes autour de l' « innocence » et de la « mémoire ». La poésie d'Eugenio Montale (1896-1981), prix Nobel en 1975, s'enracine dans le paysage de Ligurie : *Ossi di seppia* (1925) contemple des formes qui se désagrègent, le déterminisme universel. *Le occasioni* (1939) rapproche Montale de la poétique de l'objet et d'Eliot. *La bufera e altro* (1956) traverse la tourmente de la guerre pour aboutir à un stoïcisme résigné, repris, sur le mode ironique, par les épigrammes de *Satura* (1971) et des recueils suivants. Le sicilien Salvatore Quasimodo (1901-1968), prix Nobel en 1959, complète le « trio » des grands poètes hermétiques. De *Acque e terre* (1930), publié par *Solaria,* à *Dare e avere* (1966), sur lequel plane l'ombre de la vieillesse et de la mort, ses recueils esquissent une évolution assez nette : les mythes de l'île et de la mémoire s'effritent devant la guerre et un engagement politique affiché. Avec *La terra impareggiabile* (1958), Quasimodo revient à ses images originelles. Ses traductions *Poètes grecs (Lirici greci,* 1940) ont marqué une génération. En 1928 les éditions de *Solaria* publient *Preludi e fughe* de

Umberto Saba (1883-1957). Découvert par les hermétiques, puis par les néo-réalistes, ce poète demeure un isolé : l'amour de Trieste, de sa femme Lina, la découverte émerveillée de la réalité quotidienne nourrissent son *Canzoniere,* journal en vers sans cesse augmenté de pièces nouvelles, puis d'un commentaire en prose.

IV. — Du deuxième après-guerre aux années quatre-vingt-dix

Le néo-réalisme. — C'est au lendemain de la chute du fascisme et de la fin de la guerre que le néo-réalisme s'impose. Condamnant la culture hermétique et toute littérature d' « évasion », il rappelle l'écrivain aux devoirs du temps présent ; la guerre, la Résistance, les réalités que le fascisme a occultées (la misère du Sud, entre autres) seront ses sujets privilégiés. D'où le choix, logique, de la prose. Le néo-réalisme trouve l'un des ses ancrages dans la pensée marxiste d'Antonio Gramsci (1891-1937), mort dans les prisons fascistes, et notamment dans sa réflexion sur la littérature national-populaire. Mais la notion d' « engagement » n'est pas dépourvue d'ambiguïtés, comme en témoigne le débat opposant, dans *Il Politecnico* (1945-1947), Vittorini à Togliatti et au PCI.

Le Sicilien Elio Vittorini (1908-1966) est l'un des maîtres du néo-réalisme. Plus, à vrai dire, par son activité d'essayiste, d'éditeur — « Gettoni » (1951-1959), la collection qu'il fonde chez Einaudi, joue un rôle fort important — que par son œuvre romanesque. Son chef-d'œuvre, *Conversazione in Sicilia,* voyage mi-réel mi-allégorique dans une île qui est un réservoir de mythes, paraît dans *Letteratura* (1938-1939). Premier roman sur la Résistance, *Les hommes et les autres* (*Uomini e no,* 1945) n'est pas le même souffle. Les romans suivants confirment cette crise, que mettent à nu les journaux de Vittorini : *Diario in pubblico* (1957, éd. déf., 1970) et *Le due tensioni* (1967). La carrière de Cesare Pavese (1908-1950) présente plusieurs analogies avec celle de Vittorini. La thématique néo-réaliste (la Résistance, le monde paysan) nourrit ses romans : mais Pavese la traite dans une perspective symbolique qui renvoie à ses propres échecs sentimentaux et politiques. De cette quête d'une pureté originelle, le récit *La casa in collina* (1949), *Dialoghi con Leucò* (1947), le journal *Il mestiere di vivere* (posth., 1952) sont les étapes majeures. Italo Calvino (1923-1985) a traversé le néo-réalisme de façon originale. Son premier roman, *Il sentiero dei nidi di ragno* (1947), infléchit la thématique de la Résistance vers le monde magique de l'enfance. Les trois fables allégoriques, *Il visconte dimezzato* (1952), *Il barone rampante* (1957), *Il cavaliere inesistente* (1959), témoignent de l'élégance de son écriture fantastique, de son ironie. Après une réflexion grave sur la valeur de l'homme, ignorée par les jeux politiques (*La giornata di uno scrutatore,* 1963), s'ouvre un nouveau cycle narratif, proche de la logique combinatoire et de la science-fiction : *Le città invisibili* (1972), *Se una notte d'inverno un viaggiatore...* (1979), *Palomar* (1983). A ces trois écrivains, on peut ajouter le romain Alberto Moravia (1907-1989) qui s'était révélé avec *Gli indifferenti* (1929). *Agostino* (1944), sans doute son chef-d'œuvre, *Racconti romani* (1954) confirment la qualité de son d'observation psychologique. Par la suite, son abondante et inégale production romanesque épouse habilement les modes ambiantes (roman de l'aliénation, roman psychanalytique, crise du roman, relents de nazisme), sans renoncer à sa composante sexuelle.

La guerre, la Résistance, le Sud. — Beaucoup de témoignages, récits, romans consacrés à ces sujets n'ont pas résisté à l'usure du temps. Carlo Levi (1902-1975) a publié en 1945 *Cristo si è fer-*

mato a Eboli, témoignage de sa résistance au fascisme et de sa découverte de la Lucanie. *J'étais un homme* (*Se questo è un uomo,* 1947), de Primo Levi (1919-1990) — récit poignant de sa déportation dans un camp d'extermination —, inaugure une incessante réflexion sur la Schoa, sur la condition du survivant et son témoignage. Les récits et romans de Beppe Fenoglio (1922-1963) sont centrés sur la Résistance dans les Langhe : *I ventitré giorni della città d'Alba* (1952), publié par Vittorini, ses œuvres posthumes (*Una giornata di fuoco,* 1963 ; *Il partigiano Johnny,* 1968) sont largement autobiographiques. Journal de la retraite sur le front russe, *Il sergente nella neve* (1953) de Mario Rigoni Stern (Asiago, 1921) a eu un succès aussi durable que mérité. Dans une optique opposée au néo-réalisme, le Toscan Curzio Malaparte (pseud. de Kurt Suckert, 1898-1957), essayiste et polémiste de renom, dépeint dans *Kaputt* (1944) l'irréversible déclin de l'Europe. *La pelle* (1949) montre l'écœurante réalité de la Libération à Naples : ce parti pris de noirceur (et le succès mondial du livre) provoqua un beau tollé chez les néo-réalistes.

Au-delà des spécificités régionales du Sud, « victime » de l'unité italienne, c'est la vie du peuple que certains narrateurs veulent faire connaître. La nature de cette approche et ses rapports avec le néo-réalisme changent selon les auteurs. Ignazio Silone (1900-1978), dont on sait l'audience internationale, mais aussi l'inconfortable situation de « marginal » dans la culture italienne, nous a donné un portrait saisissant de vérité du monde paysan des Abruzzes sous le fascisme. Dénoncé, il doit quitter l'Italie en 1930. En 1931 il rompt avec le PCI, dont il avait été l'un des fondateurs. Depuis *Fontamara* (1930) jusqu'à l'essai *Uscita di sicurezza* (1965), Silone oppose sa culture de l'homme à toute forme de totalitarisme. Fort prisés par les néo-réalistes, les récits *Gente d'Aspromonte* (1930) du Calabrais Corrado Alvaro (1895-1956) s'inspirent de Verga. Après la guerre, Alvaro poursuit sa réflexion sur les rapports entre la campagne et la ville, dans une trilogie romanesque, tandis que ses journaux (*Quasi una vita,* 1927-1947 ; *Ultimo diario,* 1948-1956) montrent qu'après la guerre le combat continue : contre la tyrannie intellectuelle, les préjugés.

De la crise du néo-réalisme à la néo-avant-garde. — La rhétorique néo-réaliste s'essouffle assez rapidement : à la mystique de l' « engagement » succède une réflexion plus nuancée sur le rôle de l'écrivain dans une société en pleine mutation. D'autre part, la désaffection du public pour le néo-réalisme ne peut être ignorée. La crise éclate dans les années 1955-1958. C'est en 1955 que Vasco Pratolini (1913-1991) publie *Metello,* premier volet d'une histoire du peuple florentin de la fin du XIXe siècle à nos jours. Ce roman est la pomme de discorde pour la critique marxiste. La critique non marxiste constate que Pratolini a sacrifié ses talents naturels, fruits de sa formation hermétique, à un programme idéologique : son chef-d'œuvre demeure, plus que *Cronaca di poveri amanti* (1947), *Cronaca familiare* (1947), évocation douloureuse de son enfance. Cette crise est aggravée par le succès extraordinaire du *Gattopardo* (1958), roman que Vittorini avait refusé de publier, jugeant qu'il arrivait avec un demi-siècle de retard. En effet, le projet du Sicilien Giuseppe Tomasi di Lampedusa (1896-1956), antifasciste, aristocrate éclairé, était aux antipodes du néoréalisme. Pour peindre l'immobilisme actif de la société sicilienne pendant l'épopée garibaldienne et après l'unification, Tomasi di Lampedusa se réclamait plutôt de De Roberto. Le succès du *Guépard* relance le débat sur le roman (et sur les goûts du public). Giorgio Bassani (Bologne, 1916), l'éditeur du *Guépard,* définit en 1959 le réalisme socialiste « une hypothèse, un rêve, une chimère ». Son œuvre en prose, centrée sur la ville de Ferrare, emprunte de tout autres chemins. La vie provinciale de la bourgeoisie juive sous le fascisme, la menace de la persécution raciale, la marginalisation progressive (sociale et affective) de certains personnages, l'ombre de la déportation et de la mort sont les composantes majeures d'un univers que Bassani restitue avec une tonalité élégiaque. *Le jardin des Finzi-Contini* (1962) explore de manière admirable le royaume de la mémoire et de la séparation.

En 1961 et 1962 la revue *Il Menabò,* dirigée par Vittorini et Calvino, consacre deux numéros aux rapports littérature-industrie. Cette question relaie et dépasse le néo-réalisme. Le roman

Tre operai (1934, rééd. 1951, 1965) de Carlo Bernari (Naples, 1909) est considéré comme un exemple. De cette abondante littérature en prose, à mi-chemin du roman et de l'essai sociologique, il suffira de rappeler *Pauvre Albino* (*Memoriale,* 1962) de Paolo Volponi (Urbin, 1924). Ce « mémorial » d'Albino Saluggia, ouvrier dans une grande industrie turinoise, est placé sous le signe de l'ambiguïté : l'aliénation se double en l'occurrence d'une psychose, et le récit oscille entre le pathétique et le pathologique.

Au début des années soixante, le néo-réalisme est vigoureusement contesté par la néo-avant-garde. Annoncé par l'anthologie *I Novissimi, poesie per gli anni 60* (1961), influencé par les travaux d'Umberto Eco (*L'œuvre ouverte,* 1962), le « Groupe 63 » naît en octobre 1963 à Palerme. Ses fondateurs (entre autres Edoardo Sanguineti, Antonio Porta, Nanni Balestrini) tiennent pour surannée la problématique de l'engagement. Le seul lieu où l'on puisse appréhender et contester la réalité chaotique du monde contemporain, c'est le langage. Giorgio Manganelli (1922-1990) met en place dans *Hilarotragoedia* (1964) une logique « descenditive » : tendue vers des formes mouvantes, l'écriture dissout toute certitude. Mais en 1968 plus d'un théoricien de la néo-avant-garde choisit (réhabilitation inattendue de l'engagement) de se mettre au service de la « révolution ».

La néo-avant-garde a contribué à la consécration du Milanais Carlo Emilio Gadda (1893-1973). En 1963 paraissent *La cognizione del dolore* (publié de 1938 à 1941 dans *Letteratura*) et *Accoppiamenti giudiziosi* (1924-1958) : ces deux livres confortent le succès tardif que Gadda avait connu avec *L'affreux pastis de la rue des Merles* (*Quer pasticciaccio brutto de Via Merulana,* 1957), très original roman policier. La subversion du langage, chez Gadda, est l'instrument d'une quête épistémologique. Sa langue (intraduisible) dévoile une vérité pessimiste : dans un monde qui se désagrège, la réalité de l'homme est la mort. Aux préoccupations linguistiques se rattache aussi une grande partie de l'œuvre de Pier Paolo Pasolini (1922-1975). *Passione e ideologia* (1960) réunit quelques-uns de ses essais sur les rapports entre société et littérature. Intellectuel influent, philologue, poète en dialecte frioulan (une langue encore vierge pour la poésie) puis en langue italienne — de *Le ceneri di Gramsci* (1957) à *Trasumanar e organizar* (1971) —, romancier qui explore les banlieues romaines (*Una vita violenta,* 1959), cinéaste qui libère volontiers les démons de l'exhibitionnisme, Pasolini se détache progressivement des idéologies. Il s'éloigne du PCI, condamne mai 1968, ne croit pas plus au changement de la société qu'aux illusions de la littérature.

La littérature fantastique. — Les écrivains de l'étrange ne manquent pas dans l'Italie du XXe siècle (Papini, Bontempelli). D'habitude, néanmoins, le fantastique n'est qu'un aspect de leur œuvre : une incursion dans un monde inquiétant, à la lisière du nôtre. Dès *Bàrnabo delle montagne* (1933) et *Il segreto del Bosco Vecchio* (1935), Dino Buzzati (1906-1972) explore le domaine de la montagne et du Nord, haut lieu du merveilleux. *Il deserto dei Tartari* (1940) le rend célèbre dans le monde entier : Giovanni Drogo use sa vie dans une forteresse, en attendant que l'ennemi surgisse du désert du Nord. Mais l'ennemi contre lequel il lutte, à son insu, est le temps. Les meilleures nouvelles de Buzzati — *I sette messaggeri* (1942), *Le K* (*Il colombre,* 1966) —, son journal, *In quel preciso momento* (1955), évoquent la fuite du temps, le poids du destin, l'événement qui fait basculer la vie quotidienne dans l'absurde. Ecrivain aristocratique, Tommaso Landolfi (1908-1979) démonte les fausses certitudes de l'existence, grâce à d'étonnantes fables métaphysiques marquées par l'ironie et le scepticisme. *Il mar delle blatte, La pietra lunare* (1939) sont des réussites incontestables, de même que le roman *La jeune fille et le fugitif* (*Racconto d'autunno,* 1947). L'œuvre protéiforme d'Alberto Savinio (pseud. d'Alberto De Chirico, 1891-1952) a fait l'objet, ces dernières années, d'une fervente redécouverte. Ecrivain, peintre (comme son frère, Giorgio De Chirico), musicien, Savinio pratique un fantastique très personnel, proche du surréalisme, qu'il a appelé « supercivique » : une contribution à un nouveau projet du monde. De cet art raffiné, *Tutta la vita* (posth., 1969) est un exemple probant.

La poésie. — La guerre impose aux poètes de la deuxième génération hermétique une mutation proche de la rupture. Avec *Poesie* (1942), le Lombard Vittorio Sereni (1913-1983) dresse un bilan de son époque hermétique. Issu de la guerre et de la captivité, *Diario d'Algeria* (1947) est le lieu de ce changement. *Gli strumenti umani* (1965) fait pénétrer la poésie dans les usines : pour sauver l'homme, pour se sauver elle-même. Dans les tragédies de notre temps, Mario Luzi (né en 1914) a trouvé une confirmation de sa vocation poétique. *Avvento notturno* (1940) pressent les deuils de l'heure, sans céder aux facilités de la chronique. *Il giusto della vita* (1960) trace une ligne de faîte de sa poésie, de 1932 à 1957 : sa cohérence tient à une haute notion de la personne humaine. *Nel magma* (1963) est un nouveau départ, que confirment les recueils suivants (*L'incessante origine, La notte lava lo spirito,* 1986) : fidèle à sa mission unificatrice, la poésie épouse le rythme chaotique de la vie, cherchant sans cesse l'harmonie et la connaisance. En 1983, la publication de *Tutte le poesie* a permis de mieux apprécier le rayonnement de Giorgio Caproni (1912-1991). Influencé par l'hermétisme, Caproni a évolué vers une très personnelle « chansonnette endurcie », contrepoint d'une poésie savante, dominée par une fascinante thématique de l'oxymoron : le départ sans voyage, la coïncidence du chasseur et de la proie (cf. *Il franco cacciatore,* 1982), la présence-absence de Dieu.

Le Vénitien Andrea Zanzotto (né en 1921) a une vocation de frontalier à l'égard de sa région et de sa langue. Sa poésie est un retour nostalgique aux sources du pays, de la langue poétique : Zanzotto se tient à l'orée d'un univers de signes nouveaux. *La beltà* (1968) met un lumière un glissement vers une langue préconceptuelle ; *Il Galateo in Bosco* (1979) confirme l'importance de cette poésie difficile et fascinante, nourrie de littérature, de sémiologie, de psychanalyse.

Le théâtre. — L'organisation du spectacle connaît, dans le deuxième après-guerre, de profondes modifications. Après 1968, Dario Fo (né en 1926, prix Nobel en 1997), tenant d'un théâtre politique, veut « devenir un jongleur au milieu du peuple » ; mais dans *Mistero buffo* (1969) il est seul sur scène. Le plus grand dramaturge italien du XXe siècle, après Pirandello, est Ugo Betti (1892-1953). L'exploration de l'âme humaine est une descente aux enfers, car à l'élan vers le bien, par quoi l'homme voudrait se définir, s'oppose le déchaînement des passions (*L'isola delle capre,* 1948). Dans les années trente, Betti met au point le « drame enquête » : *Corruzione al palazzo di giustizia* (1944) est son chef-d'œuvre. Dans la mouvance de Pirandello et de Betti, Diego Fabbri (1911-1980) a écrit des « pièces morales », proches de la comédie de mœurs (*Il seduttore,* 1951 ; *La bugiarda,* 1956), et des « pièces idéologiques » consacrées à des problèmes métaphysiques (*Processo a Gesù,* 1955 ; *Veglia d'armi,* 1956). Mais sans doute est-il plus convaincant dans *Processo di famiglia* (1953) et dans *Figli d'arte* (1959). Le Napolitain Eduardo De Filippo (1900-1984) est un auteur dialectal qui a su gagner un très large public : son analyse de la société dépasse le cadre régional (*Filomena Marturano,* 1946). *De Pretore Vincenzo* (1957) met en scène, sur le ton mi-ironique mi-sérieux que De Filippo affectionne, les mésaventures d'un pauvre hère.

Géographie du roman. — L'enracinement régional demeure un critère valable pour rendre compte de quelques orientations du roman contemporain. Les Vénéties ont toujours nourri des générations d'écrivains frontaliers. L'œuvre de Pier Antonio Quarantotti Gambini (1910-1965), dont l'essentiel a été réuni en 1971 sous le titre *Gli anni ciechi,* est un acte de fidélité à l'Istrie (tour à tour autrichienne, italienne, yougoslave) et à l'Italie. Fulvio Tomizza (né en 1935) a réuni dans *La trilogia istrina* (1967) trois textes consacrés à la thématique de l'exil et du déracinement.

L'albero dei sogni (1969) retrace la quête de son identité ; *La miglior vita* (1977) remonte le cours du temps. Le Frioulan Carlo Sgorlon (né en 1930) explore l'histoire de sa région. La tradition lombarde trouve en Giovanni Testori (1923-1991) un digne représentant. Plusieurs de ses œuvres en prose — de *Il ponte della Ghisolfa* (1958) au *Fabbricone* (1961) — et de ses pièces sont consacrées à la vie des banlieues milanaises. C'est par la poésie que Testori, proche à bien des égards de Pasolini, met au jour ses aspirations contradictoires. Ses dernières œuvres rendent compte de sa conversion.

Les romans d'Elsa Morante (1918-1986) remontent de la Sicile de *Mensonge et sortilège* (1948), roman ensorcelant et baroque, à Capri (*L'île d'Arturo,* 1957), à Rome, sa ville natale. Roman historique ambitieux et controversé, *La storia* (1975) est consacré à la Rome populaire pendant la deuxième guerre mondiale. *Aracœli* (1982) choisit pour cadre, avec des résultats moins sûrs, l'Espagne sous la dictature. L'œuvre entière de Leonardo Sciascia (1921-1989) est une réflexion sur la réalité sicilienne. Après des récits fort heureux (*Les paroisses de Regalpetra,* 1956), Sciascia a élaboré une sorte de « roman policier » qui a eu un large succès auprès du public : *Il giorno della civetta* (1961), *A ciascuno il suo* (1966). La réflexion s'élargit : la Sicile et ses problèmes — la maffia, entre autres — sont la métaphore d'un mal national : au roman-enquête succède, avec moins de réussite, le pamphlet politique. Gesualdo Bufalino (né en 1921) auteur du remarquable *Diceria dell'untore* (1981), Giuseppe Bonaviri (né en 1924), qui atteint avec brio à une dimension cosmique, témoignent de la vitalité de la narrative sicilienne. Chez le Sarde Giuseppe Dessì (1909-1982), la poétique de la mémoire (fruit de sa formation hermétique) se conjugue avec les exigences de l'histoire. Mais celle-ci ne brise pas le rythme de la vie sarde, ses mythes et ses rites. *San Silvano* (1939), *Il disertore* (1961), *Paese d'ombre* (1972) sont au nombre de ses réussites. Le roman *Il giorno del giudizio* (posth., 1979), rédigé dans les années 1972-1975, a imposé au grand public le nom du Sarde Salvatore Satta (1902-1975), juriste distingué.

Quelques « cas ». — Comme tout organisme vivant, la société littéraire italienne produit régulièrement, par son (dys)fonctionnement, des « cas » (Tomasi di Lampedusa en était un). Parmi les plus récents, on peut citer le Sicilien Stefano D'Arrigo (1919-1992) qui a publié en 1975 un roman-fleuve, admirable, intraduisible (et peut-être illisible) auquel il a travaillé pendant près de quinze ans : *Horcynus Orca.* D'Arrigo s'inscrit dans la tradition sicilienne, par son sujet (l'histoire d'un matelot sicilien pendant la deuxième guerre mondiale) et par son pouvoir d'affabulation mythique. On connaît le succès mondial de *Il nome della rosa* (1980) par lequel le Piémontais Umberto Eco (né en 1932), sémioticien distingué, faisait son entrée remarquée dans le domaine romanesque (et dans un Moyen Age habilement présenté au grand public). *Il pendolo di Foucault* (1988) confirme ses talents de romancier et de sociologue de la littérature. *L'isola del giorno prima* (1994), roman à thèses et à digressions où l'arrière-plan — l'Italie et la France du XVIIe siècle — compte plus que l'intrigue elle-même (assez mince, malgré les coups de théâtre) laisse une impression mitigée. La première partie de ce roman historique peut être lue comme une réécriture des *Fiancés* d'Alessandro Manzoni, dont Umberto Eco ne partage cependant ni la foi ni la confiance en la Providence divine.

INDEX DES NOMS D'AUTEURS ITALIENS CITÉS

BIBLIOGRAPHIE

En français

Bec (Christian) (sous la direction de), *Précis de littérature italienne,* Paris, PUF, 1995.
Gardair (Jean-Michel), *Ecrivains italiens,* Paris, Larousse, 1978.
Livi (François), *La littérature italienne contemporaine,* Paris, PUF, 1995.
Laignel (M.-T.), *La littérature italienne,* Paris, Colin, 1943.

En italien

Asor Rosa (Alberto) (sous la direction de), *Letteratura italiana,* 13 vol., Turin, Einaudi, 1982-1992.
Bàrberi Squarotti (Giorgio) (sous la direction de), *Storia della civiltà letteraria italiana,* 6 vol., Turin, UTET, 1990-1996.
Binni (Walter), Sapegno (Natalino), *Storia letteraria delle regioni d'Italia,* Firenze, Sansoni, 1968.
Branca (Vittore) (sous la direction de), *Dizionario critico della letteratura italiana,* 4 vol., Turin, UTET, 1986.
Cecchi (Emilio), Sapegno (Natalino) (sous la direction de), *Storia della letteratura italiana,* 9 vol., Milano, Garzanti, 1987.
Dotti (Ugo), *Storia della letteratura italiana,* Bari-Rome, Laterza, 1991.
Ferroni (Giulio), *Storia della letteratura italiana,* 4 vol., Turin, Einaudi, 1991.
Getto (Giovanni), Alonge (Roberto), Baldi (Guido), De Rienzo (Giorgio), *Storia della letteratura italiana,* Milan, Rizzoli, 1972.
Malato (Enrico) (sous la direction de), *Storia della letteratura italiana,* Rome, Salerno Editrice, 12 vol., 1995 sq., en cours de réalisation.
Muscetta (Carlo) (sous la direction de), *Letteratura italiana. Storia e testi,* 10 vol., Bari-Rome, Laterza, 1970-1980.

BIBLIOGRAPHIE THÉMATIQUE « QUE SAIS-JE ? »

La littérature italienne contemporaine, n° 1891
Dante, n° 2971
Le romantisme italien, n° 3149
Histoire de Venise, n° 522
Histoire de Florence, n° 1116
L'unité italienne, n° 942

TABLE DES MATIÈRES

Imprimé en France
Imprimerie des Presses Universitaires de France
73, avenue Ronsard, 41100 Vendôme
Juillet 1998 — N° 45 158